Christian Gerig

Der Beizer ohne Geschmack

Die erfolgreichen Fischzüge
des Michel Péclard

Münster Verlag

1. Auflage

Umschlaggestaltung: Corinne Lüthi
Gestaltung und Satz: Corinne Lüthi
Lektorat: Finn Canonica
Bild Titelseite: Alberto Venzago
Druck und Einband: CPI books GmbH, Ulm
Verwendete Schriften: Routine Pro, Source Serif Pro
Papier: Umschlag, 135g/m2, Bilderdruck , glänzend, holzfrei;
Inhalt, 90g/m2, Werkdruck bläulichweiss, 1,75-fach, holzfrei

ISBN 978-3-907301-68-5
Printed in Germany

www.muensterverlag.ch

«Die einen gönnen sich einen Porsche, andere eine Audemars Piguet. Ich leiste mir ein Buch über mich.»

Michel Péclard

Auflauf der Bigotten

Gute Biografien enden mit einer Beerdigung. Diese Biografie beginnt mit einer. Genauer: Mit einer Abdankung.

24. Mai 2022. Auf dem regennassen Münsterhof ein Gewusel von Trauergästen, das vorherrschende Schwarz nur unterbrochen von bizarr in die Höhe ragenden Kochmützen, weissen und schwarzen Kochjacken, roten, um den Hals geschlungenen Dreiecktüchern, vor den Schürzen baumelnd die obligaten Torchons. Alle sind sie gekommen, um sich von der Legende Jacky Donatz zu verabschieden. Ihr Spalier, das sie nach der Abdankung vor dem Fraumünster für die Trauergemeinde bilden, ist würdevoll und berührend, die Namen der anwesenden Trauernden sind ein Who's who der eidgenössischen Gastrozunft: Anton Mosimann, Irma Dütsch, Iris Petermann, Rico Zandonella, Heiko Nieder, Antonio Colaianni, der TV-Koch Erik Hämmerli, die Big-Band-Legende Pepe Lienhard, der Pate des internationalen Fussballs und einstiger Vermieter des FIFA-Esstempels «Sonnenberg», Sepp Blatter. Hier hatte «Il Cuoco» die letzten siebzehn Jahre gegrillt, gedünstet, reduziert.

Sie alle stehen unter dem weissen Zelt, das auf dem Münsterplatz für das Leichenmahl aufgebaut worden ist, ein Glas «Château Faugères» – Jackys Lieblingswein – in der Hand. Es ist das perfekte Bild für die Verlogenheit einer

Branche, die immer dann besonders freundlich ist, wenn einer der Ihren zu schnell zu erfolgreich geworden ist.

Nicht wenige der über hundert Gastroköniginnen und Schlemm-Promis, die vor der Abdankung von Jacky Donatz noch beklagt hatten, dass die Grösse des Herzens und der Kochkünste der Engadiner Kochlegende nur noch übertroffen werde durch die Lücke, die der «Cuoco» hinterlasse, schnödeten – kaum waren die letzten Orgeltöne verhallt – über das «protzige» Zelt jenes Mannes, den sie den «Fischchnusperli-Königs vom Zürisee» nennen. Donatz hatte nach seinem Abgang vom «Sonnenberg», dem Tod seiner Frau und seines Hundes den Boden unter den Füssen verloren, und die anwesende Konkurrenz wusste, dass es Péclard gewesen war, der dem einsam gewordenen Heimwehbündner in seinen Küchen Arbeit und Würde zurückgegeben hatte; sie wussten, dass Péclard dafür gesorgt hatte, dass Donatz in Arosa wieder seine geliebte Rolle als «Host» geben konnte. Doch sie zogen es vor, an der von Péclards Crew organisierten und finanzierten, liebevoll geschmückten Tavolata darüber zu lästern, dass Michel Péclard alles unternehme, um in den Medien gefeiert zu werden, nichts unterlasse, was ihm Aufmerksamkeit und Beachtung einbringen würde. «Narzisst», nannten sie ihn und bissen lustvoll in die Kalbskoteletten, die Jacky rezeptiert und Péclard bezahlt hatte.

«Was machst denn du da?», kam ein gut gelaunter und ebenso sichtlich gut genährter Gastronom aus dem Zelt auf mich zu. Ich hatte vor ein paar Tagen Jacky zum Interview getroffen in der Hoffnung auf ein paar Zitate für mein Buch über Péclard. «Du schreibst ein Buch über Péclard? Mutig,

mutig, ein Buch zu schreiben über einen Menschen, den alle für ein arrogantes Arschloch halten.» Weshalb Péclard ein Arschloch sei, wollte ich wissen. Mein Gegenüber wurde ernst: «Ich halte ihn überhaupt nicht für ein Arschloch. Ganz im Gegenteil. Aber ich kenne ihn ja auch.»

Tatsächlich lag das Urteil einiger Gastronomen über Michel Péclard punkto Differenziertheit, Reflektiertheit und Redlichkeit knapp über dem Niveau von Stammtischgäste, die sich in Leserbriefen über Gastronomen auslassen, die sich Ferien und Porsches leisten, statt für schwierigere Zeiten zu sparen. Niemand ist gezwungen, sich mit der Psyche von Konkurrenten auseinanderzusetzen, zu ergründen, weshalb einer so ist, wie er ist. Aber wenn man es nicht tut, wäre Zurückhaltung beim beurteilen von Menschen angebracht: «Er interessiert mich zu wenig, aber alles falsch machen kann er wohl nicht. Dafür ist er zu erfolgreich.»

Nach Monaten der Beschäftigung mit dem Unternehmer Péclard eine erste Überzeugung: Michel einfach ignorieren ist dumm.

Nach Monaten der Beschäftigung mit dem öffentlichen Péclard eine zweite Überzeugung: Michel einfach ein Arschloch finden? Kann man, muss man aber nicht. Michel Péclard ist keine einfache Person, er ist unglaublich Dafür ist er zu facettenreich und faszinierend.

Nach Monaten der Beschäftigung mit dem privaten Michel die dritte Überzeugung: Niemand muss ihm gerecht werden. Aber es lohnt sich.

Kann es sein, dass hinter seinen manchmal (zu) grossen Gesten, seinen Worthülsen mehr steckt, mehr an Reflexion, mehr an Selbstzweifeln, mehr an Nachdenklichkeit, mehr an Verletzlichkeit? Kann es sein, dass Michel Péclard ein Mensch ist, der möglicherweise mehr Mühe hat, Empathie, Gefühle der Zuneigung zu zeigen, der nie gelernt hat, seinen Gefühlen zu vertrauen und sie auch zu zeigen.

In dubio pro reo.

Aufgewärmtes aus dem Beutel

«Jetzt gibt es also auch auf der Ufenau Aufgewärmtes aus dem Convenience-Beutel, serviert von ausgebeutetem – und deshalb wohl immer ein bisschen miesepetrigem – Personal», schrieb der Handwerker J.V. Er lebt in einem Dorf am Obersee und verschaffte in einem Leserbrief im «Tages-Anzeiger» seinem Ärger Luft darüber, dass das Restaurant-Unternehmen Pumpstation Gastro GmbH ab 2022 den Gastrobetrieb auf der Insel Ufenau übernehmen würde.

Das Schreiben fügt sich nahtlos in einen Strauss wenig differenzierter Meinungen von Leserinnen und Lesern, die mit viel Halbwissen über die Unternehmensphilosophie der Gastrogruppe von Michel Péclard beckmessern.

«Sein Konzept ist Lieblosigkeit und Pseudo-Szeni-Coolness, ideenlos ...»; «... möglichst günstiger Billigeinkauf eines einfachen, kleinen Angebotssortiments von einfach zubereitbaren Speisen durch nicht professionell qualifiziertes Küchenpersonal»; «Umsatz und Profit als oberstes Ziel führen zu mies bezahlten Angestellten, lieblosen Essen und unfreundlichem Service»; «... nein, nicht schon wieder ein Péclard am See!», seufzen die angeblichen Gäste.

Denn ein zufälliges Nachhaken bei den Leserbrief-Verfassern ergab nicht überraschend: Niemand hat in einem der gedissten Unternehmen der Pumpstation Gastro GmbH gegessen, niemand hat zuvor mit Mitarbeitenden des Unternehmens über Löhne und Saläre gesprochen, ob das Personal chronisch schlecht gelaunt ist – keine Ahnung.

Einer allerdings hat seine Kritik nicht nur mit vollem Namen ins Netz gestellt, sondern sein Kritik auch wenig differenziert formuliert: «Wo Péclard drauf steht, ist Scheisse drin». Daniel Bradovka heisst der Mann. Er wollte einst sein Restaurant «Bambinos» in der Zürcher Binz an Péclard verkaufen. Seine Rache ist spät – und zeichnet sich nicht durch Detailkenntnis aus: «Das Portofino war schon immer ein Dreckladen, seit de Eröffnung Anfangs der 80er Jahre... Es ist immer noch der gleiche Pächter und ein Kellner von damals ... führt heute den Laden und das nicht zu seinem Vorteil», analysiert Bradovka den angeblichen Misserfolg des Portofino. Dass es nicht «der gleiche Pächter» ist, sollte er eigentlich wissen.

Wie kommt es, dass ein Gastronom, der von seinem Personal wegen seines Engagements, seiner finanziellen und fachlichen Grosszügigkeit geliebt wird, ausgerechnet schlechte Bezahlung und Ausbeutung vorgeworfen wird? Mal abgesehen davon, dass es die Unternehmerin oder den Unternehmer, die nicht nach Profit strebt, gar nicht gibt.

Wie kommt es, dass ausgerechnet einem Gastrounternehmer, bei dem die frischesten Fische – von einem selbständigen Fischer frühmorgendlich ohne Schleppnetze aus dem

Zürichsee gefischt, und keinen Kilometer im Kühllastwagen gefahren auf dem Teller der Gäste landen, vorgeworfen wird, er serviere Fischfilets aus den Philippinen?

Wie kommt es, dass das Angebot im Restaurant der Ufenau bereits verurteilt wird, ohne dass die Urteilenden einen Gedanke darauf verschwenden, weshalb vier Vertreter der Benediktiner-Abtei Einsiedeln, Vertreter eines Ordens also, dem Regionalität und Nachhaltigkeit von Lebensmitteln ebenso wichtig sind wie christliche Werte, wozu Fairness und Empathie im Umgang allen Menschen gehören, sich ausgerechnet für Michel Péclard und seinen langjährigen Geschäftspartner Florian Weber entschieden haben? Dagegen die als «Nose-to-Tail»-verwertende, genossenschaftlich-kollegiale - und damit niedrigere Löhne zahlende - Szeni-Köche aussen vor blieben?

Warum wird auf einen prominenten und erfolgreichen Vertreter der Gastrobranche permanent grundlos eingedroschen?

Péclards Konkurrenten werden stets sanfter kritisiert. Darunter gehören auch Betriebe, die vor wenigen Jahren noch in der selben Liga wie die Pumpstation GmbH spielten, inzwischen aber mehrerer Gastro-Ketten betreiben, wie beispielsweise «Two Spice». Ihre Lokale übertreffen das kulinarischen Level der Péclard-Beizen höchstens vereinzelt. Nur bei der Profitmaximierung übertrumpften sie ihn regelmässig. Zwecks Expansion spannen mit einem der ganz Grossen der Food-Branche zusammen. Schlechte Presse, diffamierende Leserbriefe? Fehlanzeige!

An Michel Péclard scheiden sich die Geister: Ist er der fürsorgliche Arbeitgeber, der überdurchschnittliche Löhne zahlt, seine Mitarbeiter nach Miami einlädt, sich für die Interessen der Branche einsetzt, engagierte Mitarbeitende kostenlos in den eigenen Betrieben weiterbildet und eine einfache, aber auf regionalen und hochwertigen Lebensmitteln basierende Küche anbietet?

Oder ist er nur das, was seine Kritiker behaupten, nämlich eine hochnäsige, narzisstischer, Mensch, der sich nicht wirklich für Gastronomie, sondern nur für Profit interessiert? Eine mediengeile Excel-Tabelle auf zwei Beinen?

Wer also ist Michel Péclard?

Dagobert Péclard

Michel Péclard kam mit schreiendem, aber leerem Mund auf die Welt. Darin steckte kein goldener Löffel. Geboren wurde er in eine Mittelstandfamilie!

Ja, er lädt heute seine Crew jährlich nach Miami ein. Trips mit Geschäftsführern oder Innenausstattern nach Südfrankreich oder New York sind keine Seltenheit. Wer von seinen Bekannten in einem seiner Restaurants isst oder trinkt, ist selbstverständlich eingeladen, Begleitung inklusive.

Péclard ist ein grosszügiger Mensch. Dass seine Gegner ihm diese Tugend auch noch vorwerfen, sagt eigentlich alles über die Vulgarität ihrer Vorwürfe.

Ein grosszügiger Mensch? Ja, das ist er. Einer, der mit Geld um sich schmeisst, weil er es in die Wiege gelegt bekam? Eben nicht! Oder weil er damit die Zuneigung seiner Entourage erkaufen will? Kann sein. Vielleicht aber auch, weil er sich bei ihnen bedanken will. Oder mit ihnen die Realisierung neuer Projekte im Sinn hat. Doch das Narrativ des Nabob bleibt und wird sorgfältig gepflegt.

Michels Vater, Marcel Péclard, war gelernter Bauzeichner. Nach der Lehre im Architekturbüro Brantschen & Koella blieb er im Unternehmen und stieg auf zum Vertrauten der beiden Firmeninhaber. Marcel Péclard war ein Organisationstalent: Er hat sich nie als hart arbeitend hervorgetan, er hat immer alles organisiert und delegiert. Frühmorgens organsierte er die grossen Bauten für seinen Boss Hans Brantschen. Als Koella und Brantschen sich trennten, blieb Péclard bei Brantschen als dessen einziger Angestellter.

Den Aufstieg vom gut verdienenden Angestellten zum wohlhabenden Geschäftsmann verdankte Péclard seinem Geschick bei Börsen- und Devisengeschäften. So habe er – bestätigt seine Witwe – ein kleines Vermögen verdient mit einem einzigen, nicht ganz risikolosen ECU-/Euro-Währungsgeschäft. Zusammen mit seiner an der Börse und im Handel mit Porzellan und Kaviar ebenfalls erfolgreichen Gattin gelang es Marcel Péclard – auch dank ihrer rigorosen Sparsamkeit –, den beiden Söhnen François und Michel eine von finanziellen Sorgen ungetrübte Adoleszenz zu ermöglichen.

Auch die Tatsache, dass Michel Péclard mit dem Juwelier Péclard verwandt ist, regt zu Fantasien an. Der langjährige Chef des Juwelierhauses, Philippe Péclard, ist der Bruder von Michels Vater Marcel und der Sohn des legendären Gründers Fritz Péclard. Legendär deshalb, weil der gelernte Goldschmid nach vielen Reisen rund um die Welt neue Kreationen und auch neue Techniken im Schmuckdesign nach Zürich brachte. Doch statt damit das grosse Geld zu machen, schmiedete er nach eigenen Vorstellungen für Gattinnen, Geliebte, Mütter oder Töchter gut betuchten Männer aussergewöhnliche, sehr persönliche Schmuckstücke von denen er glaubte, sie würden die Persönlichkeit und die Schönheit ihrer Trägerinnen betonen. Einen Preis nannte er für seine Preziosen nie. Man sollte ihm eben den Wert bezahlen, den man angemessen hielt für seine Schmuckstücke. Eine solche Preisgestaltung konnte sich Fritz vor allem dank der Gutmütigkeit seiner wohlhabenden Gattin Gertrud May leisten. Für Nachschub an «Rohstoffen» sorgte Bruder Hans, der in der Branche einen Ruf als fairer und gut vernetzter Käufer von gebrauchtem Schmuck und Gold hatte.

Heute lenken die Töchter von Philippes Sohn in der mittlerweile vierten Generation die Geschicke des Hauses.

Marcel, so wird in der Familie kolportiert, habe immer gesagt: «Mein Bruder und ich sind erfolgreich geworden durch Steine. Ich Backsteine, mein Bruder Edelsteine.»

Vater Marcel war zwar nicht enttäuscht darüber, dass sein Sohn lediglich Gastronom wurde, er hatte Michel ja in die Gastro-Treuhandfirma KATAG geschickt, weil er dessen Gespür für die «Hospitality»- Industrie erkannt hatte. Aber dass er sich als «schnöder Beizer» zufrieden gab und keine Ambitionen hatte, ein Grand-Hotel zu leiten, nun, das machte Marcel nicht eben stolz.

Doch dass das «Startkapital», das die Eltern ihrem Sohn auf seine gastronomische Laufbahn mitgaben, nicht gerade üppig ausfiel, war der Tatsache geschuldet, dass Michel in jenen Tagen – nicht zum ersten und nicht zum letzten Mal – sich für eine Phase der lückenlosen Nicht-Kommunikation mit seinen «sturen Eltern» entschieden hatte. So erschöpfte sich Papas Morgengabe für seinen Sohn schliesslich in einem Restaurant, das sich am Ende als alles andere als eine Goldgrube erweisen sollte.

Sicher ist: Das Narrativ des Jungen aus der Mittelschicht, der es ohne Hilfe seines strengen Elternhauses aus eigener Kraft und Mut und Risikobereitschaft zum angesehenen Gastro-Unternehmers gebracht hat, das passte dem imagebewussten Michel eher. Auch wenn es nicht immer der ganzen Wahrheit entsprach.

Nichts als die Wahrheit aber ist: Michels Grosszügigkeit gegenüber Mitarbeitenden, Gästen und Freunden finanziert sich – wie dieses Buch noch im Detail zeigen wird – nicht aus einer goldenen Schatulle, sondern aus Gewinnen, die er durch geschickte, manchmal glückliche, hie und da riskante Geschäfte erarbeitet – und Teile davon mit zahlreichen Flops wieder verloren – hat.

Der antisemitische, homophobe Muslim-Versteher

Über Menschen, die man nicht kennt, schweigt man. Über Konkurrenten, die man nicht kennt, mutmasst man. Über Konkurrenten, die man kennt, aber nicht mag, lästert man. Das meiste, was über ihn erzählt wird, ist unwahr.

Michel Péclard ist nicht schwul! Auch wenn er hie und da mit seinem attraktiven (und glücklich verheirateten) Geschäftspartner Florian Weber das Hotelzimmer teilte. Nein, Michel ist aber auch nicht homophob, auch wenn er einen Geschäftsführer wegen dessen angeblicher «Schwuchteligkeit» regelmässig auf den Arm nimmt.

Er ist auch nicht besonders islamophil, nur weil er mit einer Perserin verheiratet war, und seine beiden Söhne iranische Vornamen tragen oder weil er seine islamischen Mitarbeiterinnen und Mitarbeiter aus Afghanistan samt Partnern und Kindern zu einem riesigen Fest zum Fastenbrechen einlädt. Er will damit lediglich den Menschen danken, die für ihn arbeiten. «Ohne sie wäre ich nicht da, wo ich jetzt stehe!», sagt Péclard und schaut den zu afghanischen Klängen ausgelassen tanzenden Männern und Frauen zu.

Er ist auch keine Antisemit, obschon er einen ehemaligen Geschäftsführer ungeniert mit «das ist Sam, unser Jude» vorzustellen pflegte. Sehr zum Amusement von Sam. Dem Juden.

Michel Péclard ist vorurteils-, takt- und tabulos. Er mag Menschen – von deren sexuellen, religiösen, ethnischen und politischen Präferenzen völlig unbeeindruckt. Oder er mag sie nicht. Weil sie in seinen Augen unehrlich, faul, unzuverlässig, unfair sind.

Eigentlich ist er ziemlich durchschnittlich, «normal». Doch das Image des brüskierend offenen und furchtlosen Geschäftsmannes gefällt Péclard nach anfänglichem Hadern mittlerweile so sehr, dass er auch rückwirkend die Erinnerungen an seine Kindheit entsprechend frisiert. Für das Narrativ des «kreativen Querdenkers» hilft ein extravagantes Curriculum.

Er sei, sagt Michel über seine frühe Reifezeit, ein unbequemes, aufmüpfiges Kind gewesen, das oft allein unterwegs war, weil seine Eltern vor lauter Arbeiten und Pflege gesellschaftlicher Kontakte wenig Zeit hatten für seinen zwei Jahre älteren Bruder François «Fafa» und ihn: «In unserer Familie ging es eigentlich ständig ums Geld.» Mag sein, sagt Franciska, und präzisiert: «Ums Geld, von dem die Buben in erster Linie profitieren sollten.»

Tatsächlich hatten seine Eltern ein kleines Häuschen in Kilchberg gemietet, das aber – in den Augen der Mutter – zu klein war und zu wenig Grünfläche hatte, um den beiden Buben eine unbeschwerte Freizeit zu ermöglichen. Ein schönes Anwesen mit grosszügigem Umschwung sollte die knappe Zeit, die die Eltern für die Erziehung ihre Söhne einzusetzen bereit waren, ein wenig kompensieren.

In der Tat arbeiteten Mutter Franciska und Vater Marcel viel – auch abends, auch daheim. Marcel war mittlerweile zum engsten Vertrauten der beiden Bosse des Architekturbüros Hans Brantschen und Hans Koella aufgestiegen und verantwortlich für Realisation, Bewirtschaftung und Verkauf von Liegenschaften in der Schweiz und in Monte Carlo. Die gelernte Bauzeichnerin Franciska sass oft am Zeichentisch zu Hause und entwarf Pläne.

Darüber vergassen die Eltern Péclard aber nicht, ein Heim zu suchen, das der Abenteuerlust vor allem des jüngeren der beiden Söhne Raum bot. Und Marcel wurde fündig. Getreu den Anweisungen seiner Gattin – «Radius von Kilchberg maximal 30 km, viel Grün, Wasser, unverbaute Natur» – fand er ein bescheidenes Haus auf der Halbinsel Hurden.

Das zur Schwyzer Gemeinde Freienbach gehörende Land, auf dem dieses Häuschen stand, konnte Marcel Péclard von seinem damaligen Chef Hans Koella erwerben. Zwar gehörte es – wie vieles im Kanton Schwyz – einer mächtigen und einflussreichen Korporation, aber Koella hatte es gepachtet, und Péclard konnte Koella Anfang der 70er Jahre die Pacht abkaufen. Für 50 Rappen / qm. Für 60 Jahre. Plus ein tiefer sechsstelliger Betrag für das Haus, der innert drei Jahren abzuzahlen war.

Das Curriculum dieses Grundstückes und die Art und Weise, wie die Akteure damit umgingen, ist eine Blaupause für die Rollen, die Vater, Mutter, Michel und Bruder Péclard in ihrem Leben zu erfüllen hatten.

Michel war von allem Anfang an der Häuptling von Hurden. Damals war die Halbinsel Sumpf, ausgezont. Der Kanal zwischen Ober- und Zürichsee war zwar bereits in den vierziger Jahren realisiert worden, aber das ganze Gebiet war eine grosse Wiese mit Kirschbäumen. Es gab vielleicht fünf, sechs dieser kleinen Wochenendhäuschen, ohne Heizung, tauglich nur gerade als «Sommerfrische». Das «Hurdnerwäldli» mit der Kanallandschaft wurde erst in den sechziger Jahren gestaltet: Das Gebiet wurde ausgebaggert, später wurde es mit dem Aushubmaterial der nahen Autobahn wieder aufgeschüttet, und die Lagunen in der heutigen Form gestaltet. In den Folgejahren vermietete die Korporation Pfäffikon die Parzellen als Badeplätze. Häuser im heutigen Sinne waren zu dieser Zeit nicht möglich.

Erst als die Korporation zwecks Generierung von Geld mit den Landbesitzern Baurechtsverträge abschloss, konnten ab den achtziger Jahren «richtige Häuser» gebaut werden. Diese Häuser werden nun nach und nach aus Altersgründen von der Nachfolgegeneration durch luxuriöse, modernistische Flachdachbauten ersetzt.

Damit kam Leben auf die Halbinsel. Plötzlich waren sechs, sieben, acht Kinder in der Nachbarschaft, am Mittwoch-Nachmittag oder am Wochenende, und Michel und Fafa waren kaum mehr zuhause. Nur zum Essen tauchten sie auf, dann hauten sie wieder ab. Es war ein Paradies für Kinder, sie konnten im Ried herumtoben. Langweilig wurde es ihnen nie – auch Michel nicht.

Damals kamen wohl jeden Tag in Hurden Leute vorbei, in den Ferien konnten es gerne mal zwanzig, dreissig sein. Viele von Marcels Segelkollegen aus dem von ihm gegründeten Segelclub Kilchberg segelten hier herauf, legten an, genossen den ganzen Tag im parkähnlichen Garten. «Es war immer die Hölle los hier, Grillen, Bier vom Fass, Kuchen unter dem Kirschbaum. Michel immer mittendrin», schwelgt Mama Péclard – nicht ohne Wehmut. Nicht ohne einen Hauch von Bitterkeit, weil er kaum mehr Zeit hat für seine Mutter. Nicht ohne Stolz, weil etwas aus ihm geworden ist.

Als er klein war, hatte Michel mit anderen Kindern in Hurden mit Fahnen und improvisierten Kostümen ein Sechseläuten veranstaltet. In den Ferien in Arosa baute der Junge zusammen mit Einheimischen einen Verkaufsstand auf: «Ich musste mit einem Melitta-Filter Popcorn machen,» sagte seine Mutter, «und Michel ist mit dem Rucksack ins Dorf hinunter von Innerarosa aus und hat Äpfel, Orangen und Zucker und weiss ich was verkauft. Mit Gewinn!»

Alle hatten den Plausch an ihm, er war immer so charmant, schwärmt die Mutter. Damals! Er war beliebt, er hatte eine so schöne Jugend.

Aber manchmal, sagt Mutter Franciska, wurde es Michel – ohne Vorwarnung – zu viel. Er ertrug den Rummel und die Hektik nicht mehr. Dann brauchte er plötzlich Ruhe.

Und verschwand von der Bildfläche. Zu diesem Zweck hatte sich der Junge mit Hilfe von Hans Koella, dem Arbeitgeber seines Vaters, irgendwo auf dessen Land ein kleines «Hide-Away» gebaut. Mit Cheminée. Nicht zum ersten Mal: Die Bande hatte bereits früher am Kanal unten ein Kabäuschen gebaut. Das war nicht legal, aber was soll's – Kinder. Doch jemand zeigte die Kinder an. Die Polizei kam. Der Seepolizist war begeistert, aber er bestand darauf, dass das Häuschen abgerissen werden musste. Alle weinten. Michel war immer zuvorderst mit dabei. Er hatte immer Ideen, sagt seine Mutter, «aber eben nicht immer gute».

Michel Péclards bevorzugte Erzählung, er sei ein unruhiges, aufmüpfiges und ungehorsames Kind gewesen, war wohl eher Legendenbildung. Michel sei ein ruhiges, oft in sich gekehrtes und manchmal fast abwesendes Kind gewesen, aber manierlich und wohlerzogen, sagt sie.

Eine sehr kurze Lunte habe Michel schon immer gehabt. «Wenn er zornig war, hat er die Menschen gar physisch bedroht. Er war jähzornig.» «Nach seinen Ausbrüchen war er todmüde und ging sofort schlafen. Wir haben ihn manchmal stundenlang gesucht. Dann lag er auf dem Boden des Autos und schlief. Die Anfälle hatte er immer nur zu Hause. Auswärts war er der charmanteste Junge. Das sei auch heute noch so: «Zu Hause konnte er ein Monster sein, auswärts ist er der Charmeur.»

Der erste Schultag war nicht der Beginn der besten Dekade in Michels Leben. Er selber bezeichnet seine Schullaufbahn als «nicht sehr erfolgreich». Schon bei der Einschulung habe es nicht geklappt, weil er der Lehrerin nonverbal klargemacht habe, dass er sich unterhaltendere Beschäftigungen vorstellen könne als ihr Schulunterricht. Worauf er eine Ehrenrunde einlegen musste. Mutter Franciska ist bei ihrem Blick zurück präziser: Michels erste Lehrerin unterrichtete die Schüler nach damals modernsten Grundsätzen und Lehrbüchern. Im Fach Mathematik bedeutete das «Mengenlehre». Statt Multiplikation und Addition gab es rote und blaue und grüne Quadrätchen, und gefragt wurde nach den Teilmengen und Gesamtmengen und Schnittmengen. Dass der junge Mann in der Mengenlehre Mathematik derart abschiffte, hing allerdings in erster Linie damit zusammen, dass er farbenblind ist.

Doch Michel wusste schon damals um die Wichtigkeit von Image, Wirkung und Inszenierung. Er entschied sich, seine schwachen Leistungen mittels Aufmüpfigkeit und Aufrufen zur Lernverweigerung zuvorzukommen. Rebellisch ist glamouröser als unfähig, sagte sich Michel. Und flog von der Schule. Von seiner Farbenblindheit wusste damals auch seine Mutter noch nichts.

Ein paar Jahre später – Michel besuchte mittlerweile die Sekundarschule in Kilchberg – fiel er erneut eher durch Patzigkeit als durch gute Leistungen auf. Das sah sein Lehrer genau so. Im Gegensatz zur Primarschullehrerin echauffierte sich Michel in diesem Fall nicht nur über die in seinen Augen offensichtlich Unfähigkeit des Lehrers, er ärgerte sich vor allem über die angeblichen Ungerechtigkeiten bei Lob und Strafe. Michel – entschieden besser geübt in Fremd- als in Selbstkritik – wurde in die Realschule relegiert.

Sehr zum Missfallen seines Vater und seines neuen Lehrers. Beide waren sich einig, dass Michel nun überqualifiziert war. In den Augen des Lehrers sollte er zurück in die Sek, was auch geschah, allerdings um einen Jahrgang zurückgestuft. In den Augen des Vaters gehörte Michel sogar aufs Gymnasium, um danach eine akademische Ausbildung ins Auge zu fassen. Eine für die Péclards ohnehin adäquate Karriere. Und so zahlte der Vater seinem Sohn sechs Monate Gymi-Vorbereitungsunterricht durch einen Privatlehrer. Was es Michel gebracht hat, bleibt Geheimnis, denn Michel erschien nicht zum Prüfungstermin. Das war dem Vater zu viel. Er war sauer und er, der stets leide und dezent auftretend Vater, wurde gegenüber seinem Sohn richtig laut! «Ich verstand das gut», sagt Michel, «aber für mich war diese unwürdige Züchtigung die bessere Option als die Aussicht, weitere vier Jahre im Hause Péclard ausharren zu müssen.»

Michel flüchtete, oft zu Slava Potnik, einer Mitschülerin, und ihren Geschwistern Wanda und Roger. Die drei waren plus minus im gleichen Alter wie Michel, und ob er wegen seines Kumpel Roger oder wegen der hübschen Schwestern regelmässig und immer öfter bei ihnen war, ist unklar. «Er war bis über beide Ohren verliebt in Slawa», sagt Mutter Péclard. Sicher ist: Mutter Arielle Potnik gerierte sich als Mutter Theresa der vernachlässigten Jugend von Kilchberg. Kinder und deren Freundesschar gingen bei Arielle und Ehemann Fred ein und aus. Ihr Haus lag direkt am See, mit einem langen und breiten Steg in den See hinaus. Wenn es das Wetter zuliess, dann wurde auf dem Steg reichhaltig aufgetischt und gegessen und geredet. «Ich habe damals gesegelt, ich war mit Kids oft auf dem See, mit einem Schären-

Dreissiger.» Michel war immer gerne da, ein gut gelaunter junger Mann, der oft und gerne lachte. «Bei uns zu Hause herrschte meistens eine super Stimmung», sagt Potnik. Das habe den anderen Kindern halt gefallen.

Michel erlebte im Haus Potnik jene heitere Gelassenheit, die er von zuhause mit seinen stets fleissigen und auf ihre Arbeit fokussierten Eltern nicht kannte. Er begann sich abzukapseln, haderte mit seinem zur Korpulenz neigenden Körper, kompensierte diesen Mangel, indem er immer grösseren Wert legte auf sorgfältige Kleidung. Eitel war er, aber dennoch nicht glücklich.

Mutter Franciska war zwar nie sehr eng mit ihrer Schwester Esther, umso enger waren deren Töchter mit den beiden Söhnen von Franciska. Obwohl Michel gleichaltrig war wie die grössere der beiden Cousinen, Gabriela, verstand er sich besser mit deren jüngerer Schwester Janka. Sie sollte in ihrem zu kurzen Leben für Michel eine zentrale Rolle spielen.

Als Michel sechzehn und Janka dreizehn waren, beschlossen die beiden Mütter, ihre Kinder etwas Arbeiterklasse-Luft schnuppern zu lassen. Michel war damals ein Oberschichts-Schnösel mit weissen Tennishosen, Halsketteli, Ohrringen und einem «Ciao». Er war dank seiner schulischen Ehrenrunden zwei Jahre älter als seine Mitschüler, aber auch zwei Jahre reifer, zwei Jahre eitler, und er sah gut aus. Er konnte gut reden und hatte Talent zum Unterhalter. Der junge Mann hatte deshalb einen Lauf bei den Mädchen. Was er aber nie ausnützte. Im Gegenteil: Seine Image diente ihm als Schutzwand gegen zu viel Nähe.

Michel und Janka wurden also in den Ferien nach Paris verfrachtet, von wo aus es mit einem Reisecar voller ungezogener, unkultivierter Arbeiterkinder aus der Pariser Banlieue in ein Camping nahe Biarritz ging. Die vier Wochen in Südfrankreich bescherten dem überheblichen Fatzke nicht nur die ersten körperlichen Erfahrungen mit einer – so Michels heutige Verklärung – «mindblowing Französin» namens Claire; der Ausflug schweisste die beiden ungleichen Geschwisterkinder auch für den Rest ihres Lebens zusammen.

Als Strafe für die versaute, weil verweigerte Gymiprüfung verknurrte Vater Marcel seinen Sohn zu einer KV-Lehre, und zwar in einem Betrieb, der mit Hotellerie/Gastronomie etwas zu tun hatte. Das würde – davon war Vater Péclard überzeugt – dem lieben Michel entsprechen.

Er verfrachtete ihn ins Auto und fuhr ihn nach Luzern, und der 16-jährige Péclard ging statt ins Gymi zur renommierten Gastro-Treuhandanstalt KATAG. Michel begann dort voller guter Vorsätze eine Lehre, aber als Zürcher war er bei den Innerschweizern von Anfang an nicht sonderlich beliebt. Er wurde einem Buchhalter zugeteilt, der null Interesse daran hatte, den jungen Mann etwas beizubringen. Er verdonnerte Péclard stattdessen zum Einkauf von Pausenbrötli und zum Abstempeln und Ablegen der Akten.

Der für seine Auffassungsgabe, seinen Ehrgeiz und seine Hartnäckigkeit positiv und für seine Besserwisserei negativ auffallende Lehrling wurde rasch zum Spielball der beiden Alphatiere der Firma, dem Buchhaltungschef und dem Chef Trendforschung, der sich mit den verschiedenen Szenarien der Gastronomie von morgen herumschlug. Das gefiel Michel einiges besser. Er beschwerte sich über seinen Lehrmeister, der eh bei allen Mitarbeitenden auf der schwarzen Liste stand, und sorgte auch gleich dafür, dass seine Beschwerde an den richtigen Stellen zur Kenntnis gebracht wurde. Mit Erfolg: Michel wurde einem neuen Mann zugeteilt, sein ursprünglicher Lehrmeister kündigte.

Dieser neue Chef war streng, aber gerecht. Und forderte Michel gnadenlos. Aber Michel zeigte sich ehrgeizig und brauchbar. Und man war zufrieden mit ihm. Schliesslich wurde er schnell auch mit herausfordernderer Materie betraut. Der Vorgesetzte hiess Stefan Gmür und stammte aus der Einsiedler Brauerei-Dynastie Rosengarten. Gmür sollte einige Jahre später eine Schlüsselrolle in Michels Gastro-Karriere spielen.

Die Behauptung, Michels gastronomischer Erfolg basiere allein auf seinen buchhalterischen Fähigkeiten, greift zu kurz. Eines seiner «Signature Gifts» aber war und ist seine hartnäckige, zuweilen autistische Fokussiertheit. Nicht nur in der Zahlenwelt.

Als er im Anschluss an die Lehre bei KATAG die Hotelfachschule besuchen wollte – er hatte Gefallen an der Gastrobranche gefunden –, besprach er sich mit niemanden. Er teilte seinen Eltern lakonisch mit: «Ich gehe jetzt in die Hotelfachschule, und ihr müsst dafür keinen Rappen bezahlen.» Seine Eltern waren brüskiert, aber man hatte sich an die Alleingänge des Sohnes gewöhnt, und akzeptierte im Wissen um die Nutzlosigkeit eines Gespräches seinen Entscheid. Wie er das bezahlen wollte, blieb allerdings unklar. Auch für Michel. Seine Unternehmensphilosophie des «Managements by hope» erwies sich als mässig erfolgreich. Er hatte zwar in Liliane Koella eine geduldige und grosszügige Vertraute, die in Michel wohl einen Sohn gefunden hatte und die Michel immer versicherte: Wenn du Probleme hast – ich bin für dich da. Aber dass Michel dann mit Rechnungen in unvermuteter Höhe bei ihr auftauchte, das war wohl nicht gemeint. Doch den Mut, seinen Eltern zu gestehen, dass er keine Finanzierung für seinen Schulbesuch gefunden hatte, brachte er nicht auf. Plötzlich lagen Dutzende Rechnungen für die Schule auf dem Tisch seiner Mutter. «Ich habe alle bezahlt», sagt sie. «Darüber geredet haben wir nie.»

Wortlosigkeit scheint in der Familie Péclard die präferierte Form der Kommunikation gewesen zu sein. Konflikte wurden totgeschwiegen, einander sublimierter mitgeteilt oder verdrängt. Ganz selten wurden sie durch Gesten der «Wiedergutmachung» beglichen.

So jedenfalls könnte man interpretieren, dass Michel – der eines seiner Praktika während der Hotelfachschule Luzern in einem gediegenen Hotel am Genfersee absolvierte – seine Eltern zu einer glamourösen Übernachtung inklusive Dinner und Frühstück einlud. Auf eigene Kosten, selbstverständlich. Weil die Rechnungen, die Mutter für die Schule bezahlt hatte, grösser waren als der Wert der Übernachtung, gab sich der angehende Hotelfachmann von seiner charmantesten Seite: Er kümmerte sich rührend, sorgte für einen anständigen Aperitif, servierte am andern Morgen ein üppiges Frühstück auf dem kleinen Balkon der elterlichen Suite. Der Traumsohn, für einmal.

Ungarischer Kaviar und gebohrte Spiessli mit Caipi

Daneben musste er aber selbstverständlich Geld verdienen. Sein erster Einsatz als «Jungunternehmer - nein, war nicht an einem Stand auf der Safa-Insel im Rahmen eines Zürifests Anfang der neunziger Jahre, wie Péclard das gerne schildert. Sein erstes kommerzielles Erfolgserlebnis war eine sehr kurze Partnerschaft mit dem heute bestvernetzten Weinhändler, Restaurant-Ketten- und Premium-Fleisch-Verarbeitungs-Mitbesitzer Markus «Mäge» Lichtenstein. Die beiden handelten - warum sollte man seine Zeit an profane Alltagsprodukte verschwenden? - mit Kaviar. Geklautem Kaviar, um präzise zu sein.

Michels Mutter war regelmässig mit Kolleginnen in ihre alte Heimat nach Ungarn gefahren. Oft hatten sie spezielle Kleider dabei, die es damals in Ungarn und Rumänien nicht gab: Jeans-Jupes, Nylonstrümpfe, Seidenfoulards. In Ermanglung üblicher Zahlungsmittel bot man Kaviar als Bezahlung an. Die Feinverteilung des Kaviars übernahmen Michel und seinen Kumpels Mäge und Erik Hämmerli.

Die erste wichtige Frau in Michels Leben war Janka Schenker. Sie war die Tochter der Schwester seiner Mutter. Und sie stand am Anfang seiner Karriere als Gastronom. 1994 schwatzte Péclard im Vorfeld des Zürifests der Aroser Gastro-Ikone Hitsch Leu die legendären drei, vier Quadratmeter Stand ab; darin – so beschloss er zusammen mit seiner Cousine Janka – wollte er exotische Spiessli verkaufen. Und weil er als Zahlenmensch bereits in den ersten Monaten seiner Zeit an der Schweizer Hotelfachschule Luzern SHL wusste, dass «der Keller» die bessere Marge hatte als «die Küche», wurden zu den Spiessli auch Caipirinhas verkauft.

Laut Michel war die Gesamtzahl der Spiessli, die für die zehntägige Dauer des Zürifests geplant war, am ersten Abend verkauft. Erstaunlich daran ist nicht unbedingt der Verkaufserfolg, sondern es waren – in Bezug auf die Art, wie Michel auch heute noch funktioniert – die Umstände der Produktion der Spiessli. Da Janka und er keine Ahnung hatten, wie man solche Dinger produziert und brät, baggerte Michel Hans Dietrich, den talentierten Küchenchef der Hotelfachschule Luzern an – also aus der Schule, an der er Dozent war. Typisch für Michel: Während normale Gastronomen davor zurückschrecken, einen «richtigen» Koch für eine solche Arbeit anzugehen in der Annahme, das sei unter dessen Niveau und würde deshalb als Beleidigung zurückgewiesen, motivierte Michel Dietrich, dem es langweilig geworden war, jeden Tag auf anspruchsvollem Niveau dasselbe zu kochen.
Michel und Janka hatten sich in den Kopf gesetzt, dass ihre Spiessli ganz besondere Spiessli sein sollten: Gross, vor allem aber sollten sie ein ganzes Menu liefern. Deshalb sollten neben Fleisch auch Gemüse und Stärkebeilagen aufgespiesst sein. Konkret: Michel wollte Champignons und Maiskolben am Spiess. Das war allerdings in den Augen des

Profikochs unrealistisch: Champignons zerbröseln beim Aufspiessen, einen Maiskolben längs auf einen Spiess zu bringen, der dick genug war, um nicht sofort zu brechen, das war schlicht unmöglich. Nun: Michel – unbelastet von Kenntnissen über Textur und Konsistenz von Lebensmitteln – hatte bald eine Lösung. Der Pilz wurde – mit Verlaub – in der Mikrowelle «vorgegart» und erhielt damit die erforderliche Elastizität, für den Maiskolben kam eine Bohrmaschine mit 10er-Bohrer zum Einsatz. Die so ungewöhnlich gestalteten und eher exotisch ausgestatteten Spiessli waren – wie erwähnt – am Ende der ersten Nacht ratzfatz verkauft. Anlass für eine kleine Party? Mitnichten: Noch in derselben Nacht ging es zu dritt zurück nach Luzern zur Produktion der doppelten Menge Spiessli für den kommenden Tag.

Am Ende hatten Michel und Janka bei ihrem ersten gemeinsamen Ausflug ins der Reich der Gastronomie ziemlich viel Spass, ziemlich viel Geld verdient – aber vor allem: ziemlich viel Blut gerochen. Und für Michels gastronomische beziehungsweise kulinarische Zukunft lieferten die paar Tage Zürifest die wegweisende Erkenntnis: Der Level der Erlöse war nicht proportional zum kulinarischen Level des Angeboten. Oder anders: Kohle machte man mit Quantität, nicht mit Qualität.

Für Michels Weg zum «kreativsten Gastronomen Zürichs» eine fundamentale Erkenntnis.

Péclards Welt

Mit Work-Life-Balance wird ein ausgewogenes Verhältnis zwischen Arbeit und Freizeit beschrieben. Verhindert werden soll die gegenseitige negative Beeinflussung der beiden Bereiche. Völlig ausser Acht gelassen wird, dass Arbeit und Freizeit sich auch gegenseitig zum Guten beeinflussen können.

Dafür ist das Leben von Michel Péclard ein gutes Beispiel. Klar: Die Vereinbarkeit von Familie und Beruf war nicht immer absolut zur Zufriedenheit seiner Frau und seiner Söhne gelöst, aber heute ist diese positive gegenseitige Beeinflussung von Beruf und Freizeit für den Menschen und den Unternehmer Péclard Energielieferant seines erfüllten Lebens. Wichtig: Für Michel sind Leben und Arbeiten nicht ein und dasselbe. Michel ist kein Workaholic. Leben und Job beeinflussen sich einfach – gegenseitig, und ausschliesslich positiv. Er geniesst seinen Job, der ihn mit aussergewöhnlichen Menschen zusammenbringt, und er geniesst die vielen Freundschaften und Begegnungen, die ihm sein Beruf ermöglicht.

Es mag gewagt klingen, aber genau das ist der Unterschied zwischen einem Manager und einem Unternehmer: Manager sind getrieben – von aktivistischen Aktionären, Börsenkursen, Boni, Karriere. Unternehmer frönen – ihrer Vision, im Idealfall ihrem Vergnügen, ihrer Lust, ihrem Spass, ihrer Begeisterung, ihrer Leidenschaft, ihrer Passion, ihrem Kick.

Wenn trotzdem unterschieden wird zwischen privater und professioneller Entourage, dann bezieht sich das eher auf den Ursprung der Beziehung, nicht auf den mittlerweile etablierten Status.

Seine fünf professionellen, nicht olympischen Ringe

Michels berufliche Entourage unterteilt sich in fünf Kreise und ist überschaubar, denn im Grunde genommen bleibt er den Menschen in seinem Umfeld treu.

Der äusserste, fünfte Kreis umfasst alle, die ihn schon einmal gesehen oder etwas über ihn gelesen haben, sowie die, die ihm gesprochen haben und deshalb glauben, ihn zu «kennen». In Zahlen: rund die halbe Schweiz.

Den vierten Kreis bilden ehemalige und gegenwärtige Angestellte seiner Betriebe, zu denen er meist eine gute und enge Beziehung hat und hatte. Dazu gehören auch Menschen, mit denen er einen regelmässigen und vertrauensvollen Umgang hat, wie beispielsweise mit Konkurrentinnen und Kollegen der Gastrobranche oder langjährigen Lieferanten. Mit ihnen pflegt Michel einen herzlichen und lustigen Umgang.

Der dritte Kreis umfasst sich zum einen Kaderleute seiner Betriebe, mit denen er eine familiäre Beziehung hat. Zakariya «Zaki» Ibram, Geschäftsführer von «Fischer's Fritz», Jbrahim «Ibi» Ben Dhafer, der Küchenchef des «Coco», und selbstverständlich Abdul Nadir Gadil, besser bekannt als

«Baba», der König des «Pumpi»-Grills, gehören dazu, ebenso seine wichtigsten «Backoffice»- Kräfte Seraina Brenn, Charline Altmann, Sandro Casaulta, Fabio Tripolt und – selbstverständlich – Maik Pfister und Jbrahim «Jbi» Ben Dhafer, zuständig für die Kulinarik der Betriebe. Mit dabei sind aber auch gute Gastrokollegen wie Thomas Krebs («Chez Fritz», «Seerose»), Claudine Brunner («LaSalle»), Erik Haemmerli («Bederhof», ehemals «Razzia» und «Fischstube») oder Markus «Mäge» Liechtenstein («Smith & Smith»).

In den zweiten Kreis fallen seine Innenausstatter, eine treue Gruppe kreativer Designer und Handwerker, die die Fähigkeit haben, Michels Vorstellungen nicht zur zu realisieren, sondern gegebenenfalls auch zu «transponieren» von einer glamourösen, maritimen US-Westküsten-Umgebung in ein protestantisch biederes Zürichsee-Setting, ohne dass den Züricher Szenis die Biederkeit ins Auge stechen würde. Chrigel Seiler, viel zu früh verstorben, war einer der ersten kongenialen Ausstatter, Rene Lang, Raphael Otto, Tomi Bricchi gehören zu den engen Vertrauten, die mit Michel um die Welt reisen, Restaurants, Bars und Clubs entdecken und seine Träume in der Schweiz Gestalt werden lassen.

In diesen zweiten Kreis gehören sicher auch Leute, die Michel aufgrund ihres Wesens, ihrer Kompetenz, ihrer Einzigartigkeit oder ihres Jobs wichtig (geworden) sind: Rechtsanwalt Kurt Hog, zusammen mit Péclard und Geschäftspartner Weber das «Trio Infernale» der Pumpi, der Michel immer mal wieder retten muss, wenn sich dessen Lunte als zu kurz erwiesen hat, und Szolth Bonhoff, der Psychiater, der seinen Klienten nach den grossartigsten

Husarenstreichen und den übelsten Niederlagen wieder einmitten muss.

Eine besondere Stellung in Michels Universum hat Thomas Amann. Seit zwei Jahrzehnten bringt er Michels zuweilen provokativen Äusserungen in den Medien in eine orthografisch korrekte Form. Das gelingt ihm stilistisch derart überzeugend, dass Michel – seine schriftstellerischen Fähigkeiten leicht überschätzend - oft meint, die Texte seien tatsächlich von ihm.

Oder Thomas Sterchi, einer der wenigen Freunde aus der Welt der Ernährung, auf den Michel hört, mit dem er sich austauscht, dem er vertraut und sich trotz grosser Unterschiede inspirieren und beeinflussen lässt; beispielsweise, wenn es um nachhaltige Nahrungsmitteln geht oder existentielle Fragen des Lebens. Die beiden verbringen regelmässig Freizeit und Ferien zusammen und reden derzeit gemeinsam intensiv über ein Nachhaltigkeitskonzept von Thomas Sterchi in Südeuropa.

Der innerste Kreis ist klein. Es passen genau zwei Menschen hinein, denen Michel blind vertraut: Florian Weber, bis heute sein «Alter Ego». Und seine 2014 verstorbene Cousine, Geschäftspartnerin, Lebenspartnerin, Schwester im Geiste, Motor und Gaspedal der Pumpstation Gastro GmbH, Brücke zwischen beruflicher und privater Entourage, Janka Schenker. Wenn sie nicht seine Cousine gewesen wäre, sagen Insider, Janka wäre die Liebe seines Lebens gewesen.

Janka Schenker – sein Lebensmensch

Diese Einschätzung teilen Mutter Franciska und Ex-Frau Mandana Péclard. Sicher, Michel habe auch eine gewinnende und charmante Seite, sagt Mutter Franciska, aber zur Familie habe er nur schwerlich eine unkomplizierte Beziehung gefunden – ausser zu Janka. «Janka hat er über alles geliebt. Ich glaube, er vermisst sie immer noch, das war die Liebe seines Lebens.» Janka war wie Michel lebenslustig, die hatten gut zusammengepasst: «Zuerst kam Janka, dann der Rest der Menschen.»

Michel, sagt Mandana, sei zwar ein guter Ehemann gewesen, aber «gebraucht» habe er sie nie. «Er will, dass du da bist, wenn er dich will. Verfügbar, wenn er etwas auf dem Herzen hat.» Ansonsten sei er physisch zwar da, sein Kopf sei aber rund um die Uhr bei seinem Geschäft, seinen tausend Ideen und seiner Cousine gewesen. «Sie war seine Geschäftspartnerin, nicht einfach nur eine Frau wie ich. Sie kam deshalb klar vor mir. Ich habe ihm seine Auszeiten, seine Aktivitäten, seine Engagements gegönnt. Aber ich habe ihn mit 1000 Leuten geteilt. Für mich allein hatte ich ihn nie!» Finanziell, versichert Mandana, habe er sie nie hängen lassen, aber emotional und zeitlich schon. Er habe Janka regelmässig ihr gegenüber bevorzugt. «Wenn es Janka schlecht ging, dann packte er sein Zeugs zusammen und ging mit ihr nach Südfrankreich. Ich blieb zurück. Mit den Kids.»

Florian «Flo» Weber – sein Lebensretter

Mit dem zweiten Menschen seines innersten Kreises musste Mandana ihren Mann nie teilen. «Nein, Flo kam erst gerade dazu.» 2010 stieg Florian Weber, Michels ehemaliger

Schüler an der SHL, bei der Pumpstation Gastro GmbH ein. Er ist bis heute der wichtigste Mensch in Michels beruflichem Leben. Darum hat er ihn auch zu seinem Partner gemacht. Zum gleichberechtigten Partner, notabene! Doch davon später.

Unverletzbar

Das vielleicht aufschlussreichste Kapitel dieses Buches ist der Diskurs über den privaten Michel Péclard, über seine private Entourage.

Michel nimmt kein Blatt or den Mund. Er schwätzt in einer seltenen Offenheit, Naivität, Spitzbübigkeit und Unbedarftheit über jedes Thema, das gerade in der Luft liegt. Seine Kommunikation ist geprägt von Direktheit, Furchtlosigkeit und Tabulosigkeit, die auch in Taktlosigkeit kippen kann. Weil er sagt, was er denkt, meinen Leute und Medien, ihn zu kennen. Michel riskiert damit, dass jede und alle ein Bild von ihm haben, nicht immer ein zutreffendes.

Doch für Péclard hat diese scheinbar unverblümte Art der Kommunikation einen Vorteil: Niemand fragt nach, niemand bohrt weiter, weil alle meinen, sie wüssten alles. Wer er wirklich ist, verbirgt perfekt hinter seinen Statements: Niemand kann ihm so zu nahe kommen. Niemand kann ihn – den emotional sich oft vernachlässigt fühlenden, von seinem Vater häufig blossgestellten, von seiner Mutter zwar ehrlich geliebten, doch nur selten geherzten jungen Mann – heute noch verletzen.

«Ja, es ist so: Michel polarisiert – sehr sogar», sagt Mandana, die Mutter seiner beiden Söhne. Michel ist für die einen ein arrogantes Arschloch, für die anderen ein Traumchef, für die dritten ein grossartig-innovativer-kreativer Gastronom, für andere ein einfältiger Fischchnusperli-Verkäufer, für die einen ein egozentrischer Rabenvater, für die anderen ein Mann, der für seine Familie alles machen würde. «Mutig» nennt denn auch einer der ihm von Herzen wohlgesonnen Konkurrenten das Vorhaben, ein Buch über Michel zu schreiben. «Wie wollen Sie eine Biografie schreiben über einen Menschen, der von den meisten Mitmenschen abgelehnt wird?» Es sei nicht fair, aber es stimme leider: «Kaum jemand mag Péclard. Er ist vielen zu laut, zu sprunghaft, zu eitel, zu besserwisserisch, zu prollig.»

Es könne sein, sagt Thomas Krebs, einer seiner wenigen ehrlichen Freunde aus der Gastrobranche, dass Michel mit seiner Art ein Zuneigungsdefizit aus seiner Kindheit kompensieren wolle. Entsprechend könne sich Michel nicht vorstellen, dass er um seiner selbst willen gemocht werde. «Also klammert er, verwöhnt seine Umwelt, aber eben nicht aus Grosszügigkeit, sondern weil er nicht sicher ist, ob die Menschen auch bleiben würden, wenn er nicht so grosszügig wäre.»

Auch heute spiele Geld in Péclards Beziehungen eine Rolle. Er gebe viel, aber er erwarte, dass die Beschenkten etwas draus machen. «Liebe ist Belohnung und Bestrafung. Man muss etwas leisten, um der Liebe, die man will, würdig zu sein.» Liebe, sagt Mandana, sei für Michel nie umsonst.

Trotzdem sei Michel ein liebevoller Vater. Sicher, auch er habe gegenüber den Söhnen Dariush und Shahin Geld als Erziehungsmittel beibehalten. Aber nicht nur: Spätestens mit der Scheidung verstand Michel, dass emotional einiges nicht optimal gelaufen war mit seinen Söhnen, dass er nicht immer die richtigen Prioritäten gesetzt, vieles, auch Wichtiges, vernachlässigt hatte. Er war zu oft abwesend gewesen – physisch, oder eben im Kopf. Seine Firma war seine Obsession. Er war einfach immer mit irgendwelchen Deals beschäftigt. Dariush verteidigt seinen Vater: «Ja, auch, weil er wusste, dass er eine Frau und zwei Söhne ernähren musste und dass er für deren Wohl verantwortlich war.» Auch für die ganze, aus dem Iran geflüchtete Familie seiner damaligen Frau.

Für eine enge Vater-Sohn-Beziehung sei es trotz der Scheidung nie zu spät gewesen, sagt Dariush. Schliesslich sei Michel auch während der Ehe durch Karriere-bedingten Abwesenheiten der Mutter oft mit der Kinderbetreuung befasst gewesen. Aber er habe gespürt, dass sein Vater Gewissenbisse hatte. Michel hat sich nach der Trennung von seiner Frau an den Tagen, an denen die Söhne bei ihm waren, sehr viel Zeit genommen. «Ja, er hatte Nachholbedarf», sagt Dariush, «aber es war keine Pflicht für ihn, im Gegenteil: Er hat sich darauf gefreut, das merkten wir.» Er habe begonnen, eine Beziehung zu den beiden aufzubauen. Ernsthaft und mit Engagement. «Er hat sich die Termine sorgfältig freigehalten, wir hatten nie das Gefühl, er würde lieber etwas anderes machen. Er hat sich auf uns eingelassen, sich um uns gekümmert, für uns interessiert.» Die nachgeholte Beziehung war überhaupt nicht konstruiert, sondern natürlich. «Michel war immer family», sagt Dariush. Allerdings geriet diese «Family» mit der Trennung in Schieflage, denn sämtliche Tanten, Grossmütter, Schwägerinnen und Cousinen waren in die Péclard'sche Grossfamilie involviert. «Die Familie meiner Mutter war enttäuscht, denn sie haben Michel geliebt», sagt Dariush.

Michels Grosszügigkeit – darin sind sich Mutter Mandana und Sohn Dariush einig – endet nicht im Materiellen: Er ist auch ein Mensch, der verzeihen kann, privat und bei seinen Geschäftspartnern. «Mit all denen, mit denen er sich verstritten, von denen er sich getrennt hatte, mit denen konnte er sehr schnell wieder unbefangen reden», sagt Mandana. «Sicher nicht die grosse Versöhnung, eher so: Ach, was soll's.» So schnell wie er explodiert, so schnell kann er auch verzeihen.

Allerdings, so sind sich langjährige Weggefährtinnen und -Gefährten einig, hat sich Michel in dieser Hinsicht in de letzten Jahren verändert. Er hat heute die Gelassenheit eines Menschen, der sehr genau weiss, wer er ist, wo er steht, was er kann. Das gibt ihm die Möglichkeit, alte Geschichten abzuschliessen und hinter sich zu lassen. Möglicherweise die andere Seite der Medaille, dass er niemanden wirklich an sich heranlässt. Weder Frauen in deren Liebe, noch ehemalige Geschäftspartner in deren Ablehnung.

Michel will sich davor schützen, nochmals in ein derart tiefes Loch zu fallen, derart verletzt zu werden, wie damals, als er verlassen worden war. Von Janka unfreiwillig durch ihren Tod, die von Mandana freiwillig durch eine Scheidung. Beide Male hat er gelitten. Das will er nie mehr.

Michel, sagt seine ehemalige Frau, sei nicht nur bei seiner Grosszügigkeit, sondern in jeder Beziehung extrem. Er kenne keinen Mittelweg. Er pflüge sich von einem Ort zum andern, nie wirklich da, schon wieder unterwegs zur nächsten Baustelle. Was ihn einmal geerdet hätte, habe er bei der Trennung verloren. «Ich glaube, unsere gemeinsame Zeit war auch deshalb gut, weil Michel mit meiner Mutter und meinen Geschwistern die Familie gefunden hat, die er eben nicht hatte in seiner Kindheit», sagt Mandana. «Péclards sind im Grunde genommen gar nie so richtig ‹Familie› gewesen, wie ich das verstehe. Bei Péclards war einfach der Vater für sich, die Mutter für sich, Bruder François der Aussenseiter, die Mutter auf Michel fixiert; Vater und Mutter hatten eine enge, aber eher freundschaftliche Beziehung, es gab keine Familienkultur. Die hat er bei uns gefunden.»

«Meine Mutter liebt Michel noch immer», sagt Mandana. Er sei der beste Schwiegersohn gewesen, den man sich erträumen könne. «Sie weiss, was Michel für uns alle getan hat. Nicht nur mit Geld.»

Die Trennung sei wahrscheinlich das Beste gewesen – trotz noch immer vorhandener Gefühle. Jedenfalls, wenn man nur die geschäftliche Seite anschaue. «Ich gebe zu: Ich hätte ihn ständig gebremst in seinen Expansionsgelüsten.» Nach der Übernahme von «Fischer's Fritz» habe sie gesagt: «Es reicht. Wir haben genug. Wenn du jetzt nicht aufhörst mit der Expansion, dann lasse ich mich scheiden.» Die Fortsetzung der Geschichte ist bekannt. «Er hat nicht aufgehört, ich habe mich scheiden lassen.» Auf einem – nun ja – indirekten Weg.

Ob sein Siegeszug in der Gastronomie jemals endet? Hat er irgendwann einmal dem Hals voll?

«Nein, nie», ist sich Mandana sicher. «Nein, gierig ist er nicht. Aber süchtig.» Süchtig nach Ruhm. Nach Herausforderungen. Nicht nach Geld, davon habe er genug. Aber nach Bestätigung. Wenn er zur Ruhe kommen sollte, müsste er reflektieren. Über sich und seinen Weg und seine Motive nachdenken. Das kann er schlecht.

Darum ist er immer auf Reisen, ein bisschen auch auf der Flucht, sagt Mandana. Auf der Flucht vor sich selber. Zu Unrecht, denn er ist ein Mensch, mit dem man gern zusammen ist.

Wenn es ihm gelinge, zur Ruhe zu kommen, dann zeige sich das Gute in ihm.

Als mit dem «Schober» alles fix war, erinnert sie sich, und er gerade nichts Neues mehr in der Planung hatte, da sei er – für seine Begriffe – viel zu Hause gewesen. Er sei in eine kleine Depression gefallen. Eine Depression, die allerdings weniger zu tun hatte mit dem Mangel an neuen Projekten. Mandana war verborgen geblieben, dass ihr Mann sich nicht zum ersten, aber wohl zum letzten Mal in seiner Karriere verzockt hatte: Ein viel zu teurer Umbau, eine sture Vermieterin und eine anfänglich unerfreuliche Ertragslage des «Schober» hatten Péclard gezwungen, seinen Vater um ein kurzfristiges Darlehen anzugehen. Mandana interpretierte die erzwungene Passivität ihres Gatten als Phase der Reflexion an. «In der Phase liebte ich ihn: Er las Bücher, wir redeten, wir waren uns nah. «Er sagt immer: Du hast mich am liebsten, wenn ich depressiv bin. Und es stimmt: Da war er so, wie ich ihn kennengelernt habe: nachdenklich, zweifelnd, suchend, zugänglich.»

Ihm fehle oft neben der Geduld auch der Tiefgang. Es sei schwierig, über längere Zeit ein heikles Gespräch zu führen. «Zuhören ist nicht sein Ding.»

Ob er echte Freunde hat? Michel sei manchmal wie ein Fisch, sagt Mandana. Man meine, man habe ihn sich geangelt, und dann entwische er wieder. Nicht glitschig, sondern wendig.

Michel könne aber auch witzig sein, ein unbezahlbarer Unterhalter, sagt Mandana, und fast tönt es nach versöhnlichem Ausklang. Am liebsten gehe sie mit ihm die Ferien: «Er ist aktiv, er organsiert, er macht sich schlau. Er weiss, wo man gut essen oder einen guten Drink nehmen kann, wo etwas los ist.» Als Ehemann, das könne sie ihn sich nicht mehr vorstellen. «Aber wir werden uns gegenseitig den Rollator schieben, das haben wir vereinbart.»

Ewigi Liäbi

Michel hat in den Jahren intensiver Arbeit mit seinem Seelendoktor nicht nur einiges über sein Innenleben erfahren, er hat auch gelernt, über das, was ihn bewegt und geformt hat, zu reden.

Zum Beispiel, wenn er über die tiefe und liebevolle Beziehung zu seiner letzten Partnerin redet. Eine Beziehung, die ganz offensichtlich das Potential hatte, eine echte Lebensliebe zu werden.

Es war eine geschiedene Frau, sie hatte vier Söhne, und sie war beruflich eingespannt wie Michel. Die beiden verstanden sich auf Anhieb. Beide schleppten sie einen prall gefüllten Rucksack gescheiterter Beziehungen und vermasselter Lebensträume mit sich, aber beide waren voller Hoffnung und Zuversicht, dass sie es diesmal schaffen könnten

In Michel wuchs eine grosse Liebe, auch und vor allem zu den Kindern seiner neuen Partnerin. Michel liebte es, sie in den Armen zu halten und ihnen Geschichten zu erzählen. Michel erlebte seine erste und wohl letzte Phase ungetrübten, bürgerlichen Familienglücks: Er ging für die Familie einkaufen, er brachte die Jungs in die Schule, er liess abends auf dem Sofa den Tag Revue passieren, er schlenderte über den Markt, er kochte, er organisierte Ausflüge und Ferien.

Doch die Pflege einer selbstverständlichen Liebe und grosser körperliche Nähe ist schwierig, wenn man sie als Kind nie erlebt hat. Michel beherrschte sie nicht.

Er besass vielmehr die Gabe, zu zerstören, was ihn vereinnahmen, überwältigen, abhängig machen könnte. Eines Abends schrieb er nach zu vielen Bieren auf dem «Bauschänzli» seiner Ex-Frau Mandana ein Liebes-Mail, schrieb von Neuanfang und nie erloschener Liebe. Er schickte das Mail nicht nur nicht ab, er liess es auch auf seinem Laptop stehen. Das Mail bekam die neue Liebe zu Gesicht. Sie schmiss ihn raus.

Es soll Menschen geben, die sich erwischen lassen wollen, die ein Idyll zerstören, um eine Situation zu beenden, die ihnen zu entgleiten droht. Weil sie ihnen zu nahe kommt. Weil sie den Umgang mit Idyllen nicht gelernt haben. Weil sie traumatisiert sind.

Er kannte im Gegenteil nur schmerzhafte Kälte und Lieblosigkeit aus seinem Elternhaus: «Im Hause Péclard gab es selten einen zärtlichen oder gar intimen Austausch. Meine Eltern waren Kopfmenschen.»

Der stolpernde Unternehmer

Michel Péclard gehört (Spoiler!) zu den wenigen, wirklichen Unternehmerpersönlichkeiten in der hiesigen Gastro-Branche. Das zu Beginn seiner Karriere nicht offensichtlich.

Denn mit dem «Frönen» einer Vision, Vergnügen an der Arbeit, Lust, Spass, Begeisterung, Leidenschaft, Passion, Kick wollte es für ihn im Gastrogewerbe zuerst nicht so recht klappen.

Tatsächlich ist Péclard in die Gastroszene gestolpert, nicht unbedingt wider Willen, aber sicher nicht einer inneren Berufung folgend.

Trotz der Verärgerung über die auf den ersten Blick unambitionierte Berufswahl des missratenen Sohnes war auch bei der Familie Péclard Blut dicker als Wein. Wenn schon Beizer, dann wenigstens ein erfolgreicher. Und so schlug Vater Marcel zu, als er bei einem Gerichtstermin vom Anwalt erfuhr, dass das Restaurant «Münsterhof» – im Besitz eines seiner Klienten – auf den Markt kommen sollte. Michel, bereits zum Dozenten an der SHL avanciert, zögerte nicht und war zur Stelle. Schon damals hiess sein Credo: Arbeiten ist gut, andere für sich arbeiten lassen ist besser. Und schon damals war Michels Kompetenz das Motivieren, das Mitreissen der Menschen, die er an seiner Seite wollte.

So wurde die In-Beiz von einem halben Dutzend Studenten der Hotelfachschule Luzern geführt, als eine Art Projekt, das von Michel initiiert und begleitet wurde. Alle sechs waren gleichgestellt, keine Hierarchie, aber verschiedene Zuständigkeiten. Ein Businessplan inklusive Speisekarte, Personalplanung, Weinangebot oder Öffnungszeiten gab es nicht. Er machte, was er seinerzeit schon beim Spiessli-Stand gemacht hatte: Er öffnete die Türen und erwartete Ströme von Gästen. Wenn man in der Badewanne den Stöpsel zieht, strömt es schliesslich auch.

Was vor allem strömte, waren die Kollegen seines Vaters. Der war gerade dem fundamentalen paternalistischen Irrtum erlegen, er könne jetzt ständig mit seinen Kumpels, Geschäftsfreunden und Mitseglern das «Münsterhöfli» heimsuchen. Er habe ihm die Beiz schliesslich vermittelt, da werde er wohl noch - sozusagen als Kommission - gewisse Privilegien haben. Sohn Michel zeigte sich über diese Besuche verhalten begeistert, worauf sich Papa Péclard bei Mutter Franciska über die Undankbarkeit des Sohnes beschwerte.. Trotzdem lief es mit dem genossenschaftlich organisierten «Münsterhöfli» mehr schlecht als recht. Michel war nicht geschaffen für lange, basisdemokratische Gesprächsrunden. Ein eher zufällig vorbeiflanierender Frischling der Luzerner Hotelfachschule erlöste Péclard von den Gesprächen über Speisekarten, Investitionen, Kaffeemaschinen und Uniformen für Kellnerinnen und Kellner. Er stiegt als Geschäftsführer beim «Münsterhöfli» ein.

Ein zweites schwarzes Schaf ...

Eine bemerkenswerte Parallele verband Marc Wyss mit dem auf den ersten Blick grundverschiedenen Michel Péclard. Wyss entspringt – wie Michel – einer nicht einfachen Familie. Sein Vater war wahnsinnig streng mit seinem Sohn. Er ihn machte ihn permanent herunter: «Du kannst eh nix, dir gelingt eh nichts.» Wie bei Familie Péclard, bei der es ebenfalls hiess, mit Gastronomie könne man nicht erfolgreich sein. In Marc Wyss' Familie waren seit Generationen, nur Ärzte und Ärztinnen, sein Vater, der war die Ausnahme, ein erfolgreicher Ingenieur. Als er die Hotelfachschule Chur besuchte, wurde an einem Osteressen über ihn und seine Karrierechancen als Absolvent der «provinziellen Hotelfachschule» debattiert. Seine Eltern und Grosseltern – seit Jahr und Tag Stammgäste im noblen Hotel «Suvretta» in St. Moritz – diskutierten mit dem damaligen Direktor darüber, was man denn machen solle mit «so einem Enkel»? Das Verdikt war unmissverständlich: Kochlehre, Servicelehre, Hotelfachschule Lausanne. So könnte man vielleicht noch «das Schlimmste verhindern».

Marc brach darauf mehr oder weniger vollständig mit seiner Familie. Er und Michel litten beide unter der Verachtung, die ihnen von ihren Vätern entgegengebracht wurde. Und beide begannen ihre Gastro-«Karrieren» ähnlich blauäugig.

Marcs erstes Projekt nach Abschluss der Hotelfachschule Chur war ein Restaurant in Amsterdam, mit 1,5 m das wohl schmalste Restaurant der Welt. Zusammen mit Schwester und Schwager versuchte er, in dieser Mischung aus Bistro und Antiquitäten-Ausstellung auf drei Stockwerken Geld zu verdienen. Erfolglos.

Zurück in der Schweiz landete er nach Umwegen Anfang der 90er Jahre bei Monica Weber, die damals zusammen mit Mann Ruedi die «Blaue Ente» im Zürcher Seefeld-Quartier führte. Es war eine harte, aber gute Schule, und nach zweieinhalb Jahren als Chef de Service entschied er sich für eine Ausbildung an der Hotelfachschule Luzern. Dort lernte er Michel kennen.

Ende 1997 schlenderten Vater und Sohn Wyss nach einem Dinner zur Feier des SHL-Diploms im «Orsini» am «Münsterhöfli» vorbei. Einen Betrieb dieser Grösse und dieses Genres, sagte sich Marc Wyss, würde er gerne führen. Anderentags rief er in der Hotelfachschule an und erkundigte sich nach verfügbaren Restaurants in Zürich. Ausgerechnet das «Münsterhöfli» stand zur Disposition. Er nahm mit Michel Kontakt auf, und die beiden verstanden schnell, dass sich ihre Kompetenzen ergänzten, und in beiden steckte der Wunsch, als schwarze Schafe ihren Familien zu zeigen, was wirklich in ihnen steckte.

Ein ausgefeiltes Gastrokonzept gab es nicht und war nach Einschätzung der beiden damals auch noch nicht wichtig. Eine coole Idee, eine gute Location, ein zahlbarer Mietzins und gutes Personal in Küche und Service reichte. Tatsächlich entwickelten sich die Umsätze bald einmal wunschgemäss, und die beiden ungleichen Junggastronomen erlebten in der Erinnerung von Marc Wyss eine «sehr gute, auch lustige Zeit miteinander».

... eine Goldmarie ...

Kurz darauf eröffnete Michel – das hatte er schon lange geplant und Marc auch gesagt – die «Pumpstation». Damit begann sein Erfolg als Gastrounternehmer. Und der Ärger mit Wyss.

Der Erfolg mit den Spiessli lieferte für Péclard die Erkenntnis, dass das Erfolgsrezept in der Gastronomie grosse Quantitäten in einwandfreier Qualität auf vergleichsweise bescheidenem Niveau der Nahrungsmittel-Veredelung hiess. Folgerichtig verliebten sich Janka und Michel auf den ersten Blick in das baufällige alte Pumpenhäuschen am Züricher Utoquai. Den beiden waren klar: Sie würden eine Bewilligung der Stadt zur Bewirtschaftung dieser Ruine benötigen. Und es brauchte Geld, um das Häuschen zu verschönern und als «Küche» zu betreiben.

Geduld gehört nicht zu Michels Kardinal-Tugenden. Motivation per Provokation aber durchaus. «Wenn du es schaffst, eine Bewilligung der Stadt zu beschaffen, dann bist du definitiv besser als ich», stachelte er seine Cousine an. Für die ehrgeizige Janka die Möglichkeit, zwei Fliegen auf einen Schlag zu treffen. Michel hatte seiner Cousine Geld geliehen, damit sie sich ein Gastro-Praktikum in Thailand leisten konnte. Drei Monate sollte die gastronomische Weiterbildung dauern. Doch Janka war nach zwei Wochen wieder zurück in Zürich. Ohne neues Wissen, aber auch ohne die 5000 Franken ihres Cousins, aber dafür mit ein paar Handtäschchen der feinen Sorte im Gepäck. Das war die Gelegenheit für sie, ihr schlechtes Gewissen wegen des abgebrochenen Praktikums zu beruhigen. Die Schulden - so gut kannte sie Michel – waren kein Thema mehr.

Janka kaufte sich einen «Blick», eine «NZZ» und einen «Tages-Anzeiger» und setzte sich ins Vorzimmer der damaligen Verantwortlichen für diese Bewilligung, der FDP-Stadträtin Kathrin Martelli. Dort sass sie und wartete. Weil Janka grundsätzlich eine gewinnende Person war, unterhielten sich die Vorzimmerdame und Janka nach kurzer Zeit recht gut. Bis Martelli einmal die Tür öffnete. Zwei Stunden später hatte Janka die Bewilligung im Sack.

Michel dagegen hatte noch immer keine Ahnung, wie er die geschätzte Viertelmillion zur Auffrischung des Standes mit Mobiliar, zur Ausstattung mit Getränken, Essen und technischem Equipment auftreiben sollte. 50 000 Franken schnorrten die Geschwisterkinder zusammen, aber bei den Banken biss Péclard auf Granit. Schliesslich kam Hilfe von unerwarteter Seite: Die Einsiedler Brauerei Rosengarten überwies vertragslos, ohne Konditionen oder Sicherheiten die andere Hälfte auf Péclards Konto. Nicht ganz überraschend, und auch nicht ohne Hintergedanken: Stefan Gmür, einer der vier Söhne des Gründers von Rosengarten-Bier, war Michels Lehrmeister bei KATAG Treuhand gewesen und kannte Michels unternehmerisches Geschick. Umgekehrt sollte sich dieser Notkredit auch für Rosengarten bezahlt machen:

Zwanzig Jahre später bezieht Péclard für seine sämtlichen fünfzehn Gaststätten das Bier noch immer ausschliesslich aus Einsiedeln. Die zahlreichen, lukrativen Angebote der Konkurrenz wies er stets zurück. Auch das ist Péclard: Wer ihm hilft, dem ist er ein Leben lang treu.

Es war zwar Michel gewesen, der das Potential der Pumpstation entdeckt hatte, aber es war Janka, die aus dem Traum Wirklichkeit werden liess. Darum hiess die heutige Pumpi lange Jahre «Jankas Pumpstation».

… und ein lachendes Gesicht aus einer anderen Welt

Dass aus «Jankas Pumpstation» in wenigen Jahren der Place-to-be-Grill der Banker Zürichs, der Jeunesse dorée und der Goldküsten-Ladies wurde, verdankten Janka und Michel der physischen und intellektuellen Bequemlichkeit des grossen Bruders von Michel.

François stand – frenetische Langeweile ausstrahlend – vor dem Grillrost, ein paar schrumpelige Würste lustlos von der einen auf die andere Seite drehend und manchmal einen Löffel Kartoffelsalat auf einen Teller klatschend, als ein junger Pakistaner über den Utoquai schlenderte. Im Gegensatz zum Grilleur strotzte der Spaziergänger vor Neugier und Tatendrang. Er erkundigte sich, ob er denn nicht einen Job hätte für ihn. Der Boss sei nicht da, beschied ihm der Mann am Grill, er glaube aber nicht, dass es Arbeit für ihn geben würde. Etwas besass der junge Mann in Hülle und Fülle: Geduld. Denn sein Weg von zu Hause an den Zürichsee hatte dreieinhalb Jahre gedauert.

Abdul Nadir – so der Name des beharrlichen Besuchers – hatte 1994 seine Heimat in der Nähe der pakistanischen Grossstadt Karachi verlassen müssen. Nicht aus politischen Gründen, sondern aus Armut. Abdul hatte zehn Geschwister, er war ungefähr in der Mitte. Der Bub war knapp zehn Jahre alt, als seine Mutter angesichts der Hoffnungslosigkeit, ihre Kinder jemals ernähren zu können, eines Tages beschloss, ihre damals sechs Kinder zu vergiften, damit sie keinen Hunger leiden mussten. Dank der Aufmerksamkeit des Nachbars, der die verzweifelte Mutter inmitten ihrer Schar schreiender Kinder vor einem Topf merkwürdig riechender Reissuppe verdächtig fand und die Suppe wegschüttete, überlebten die Kinder.

Doch Abdul verliess die Familie, bevor sich eine Situation wie diese wiederholen konnte. Er verdiente fortan seinen Lebensunterhalt auf der Strasse, wusch Autos, schleppte Baumaterial, half in Gaststätten aus. Aber sein Heimweh war stärker, Abdul kehrte nach drei Jahren zurück zu seiner Familie, die in seiner Abwesenheit nochmals um ein paar Köpfe gewachsen war. Der mittlerweile dreizehnjährige Abdul, seine Schwester und einige seiner Brüder arbeiteten und gaben das verdiente Geld jeden Monat der Mutter.

Nach weiteren zwei Jahren war klar, dass es für die Familie kein Überleben gab. Eines Tages, während des Monsuns, stand Abdul um vier Uhr in der Frühe auf, stieg über seine schlafenden Geschwister hinweg und wollte die Hütte verlassen. Doch seine Mutter war aufgewacht, spürte, dass mit ihrem Sohn etwas nicht stimmte. Er wolle zur Moschee, beruhigte er die weinende Mutter, doch sie glaubte ihm nicht. Wissend, dass sie ihn nicht zurückhalten konnte, riet sie ihrem Sohn: «Was auch immer du machst, bleib ein guter Mensch.» Abdul hatte damals in einer Lastwagen-Garage die Räder gewaschen und wusste, welcher Lastwagen an die iranische Grenze fahren würde. Er stieg auf die Ladebrücke und machte sich auf eine Reise, die über drei Jahre über Iran, die kurdische Türkei, Istanbul, per Containerschiff nach Athen, nach Ancona, Mailand, von dort zu Fuss nach Como, über die Grenze nach Chiasso führte, wo er «dank» inszeniertem Einbruch in eine Bäckerei von der örtlichen Polizei als Flüchtling erfasst, nach Kreuzlingen gebracht wurde und schliesslich 1997 in Zürich Altstetten im Asylheim endete.

Doch Abdul Nadir Godil wollte keine Almosen, wollte nicht Essen und Unterkunft, ohne dass er dafür arbeitete. Also machte er sich auf die Suche nach einem Job. Es hatte über drei Jahre lang in jedem Land geklappt, warum sollte es in der reichen Schweiz nicht auch gelingen?

Also setzte sich Abdul wieder auf die Ufertreppe und wartete in der warmen Frühlingssonne, bis «der Boss» kam. Es war eine Bossin, und sie hiess Janka Schenker. Abdul fragte auch sie nach einem Job. Stattdessen bot sie ihm zu essen an, doch er wollte Arbeit. Janka scheuchte ihn weg. Doch Nadir bedeutete nicht umsonst in Urdu «der Hartnäckige, der Ausdauerende», und so blieb er auf der Ufertreppe sitzen. Und beobachtete mit scharfen Blick, was auf den paar Quadratmetern Utoquai im Schatten des Pumphäuschen alles geschah. Irgendwann im Laufe des Nachmittages stolperte Janka mit einem vollen Tablett, der Arbeitssuchende schoss auf und half ihr, alles wieder zusammenzulesen. Janka scheuchte ihn aber erneut weg. Und er verzog sich – ohne Groll – wieder auf sein Plätzchen auf der Ufertreppe. Schliesslich war es zehn Uhr abends, die «Pumpi» schloss, und es wurden Gitter vorgezogen. Für eine Rückkehr ins Asylzentrum in Altstetten war es zu spät, er nächtigte in einer Telefonkabine zwischen «Pumpi» und Badi Utoquai.

Am nächsten Morgen stand er früh auf, ging zurück zur «Pumpi» und baute die ganze Station auf: Tische, Bänke, Grill, Sonnenschirme, genau so, wie er es sich am Vortag gemerkt hatte. Als Janka und «Fafa» gegen 10 Uhr aufkreuzten, war die ganze «Pumpi» aufgebaut - wie immer. Janka erkannte im jungen Flüchtling einen Bruder im Geiste, öffnete ihr Herz und fragte ihn, ob er wisse, wie man Würste grille. Er bejahte, hatte aber keine Ahnung - weder von Würsten noch von Holzkohlegrills. Die ersten beiden Ladungen Würste verkohlte er denn auch prompt, aber «Fafa» hatte erstens ein Herz für ihn und erkannte zweitens eine mögliche «Ablösung» und damit eine Ende seiner ungeliebten Arbeit. Er gab ihm Geld, um in der Metzgerei im Seefeld neue zu kaufen. Bei der dritten Ladung klappte es einigermassen. Und seit diesem Tag ist der Mann mit dem Spitznamen Baba am Grill. Seit 2000. Jeden Tag, wenn die «Pumpi» geöffnet ist. Baba ist die «Pumpi», auch wenn Janka bis zu ihrem frühen Tod für die Pumpstation verantwortlich geblieben war.

Teile und herrsche

Michel beherrschte weder Latein noch war er vertraut mit den Theorien über die praktische Ausübung von Macht, die Machiavelli den König Ludwig VI. lehrte. Aber es ist offensichtlich, dass er dessen Maxime «divide et impera» bereits bei seinen ersten Geschäftspartnern und Betrieben konsequent befolgte. Ob Michel «Pumpstation» und «Münsterhöfli» aus wirtschaftlichen Überlegungen oder aus organisatorischen Gründen strikt trennte, ist unklar. Synergien zwischen den Betrieben wurden jedenfalls keine gesucht. Sicher ist auch: Janka und Marc Wyss verband eine jahrelange Hassliebe, die Michel bediente, indem er die beiden gegeneinander ausspielte. Dazu war nicht schwierig: «Wir waren beide totale Frontleute, die sich in dieser Rolle auch konkurrenzierten. Wir hatte einfach eine grundverschiedene Art», sagt Marc Wyss über die damalige Situation. Erst im letzten Jahr vor ihrem Tod fanden die beiden einen Draht zueinander.

Bis dahin vergrösserte Michel seine Gastro-Beteiligungen strikt getrennt weiter: Mit Janka übernahm er später den Tierpark Langenberg, die «Tramstation» und «Live on Ice» hinter dem Landesmuseum, mit Marc Wyss bleib auf seiner etablierten Schiene.

Michel zieht's ans Wasser

Zweieinhalb Jahren nach der Eröffnung des «Münsterhöfli» 1998 hatte Michel Pläne mit dem Hotel «Schönau» in Erlenbach und wollte von seinem gastro-erfahreneren Partner wissen, ob man damit Geld verdienen könne. Wyss war skeptisch: Sein Vater hatte die Beiz einst als «Schmuddel-Laden» qualifiziert. Allerdings – darin waren sich Wyss und Péclard einig: Die Lage war grossartig und – auch darin stimmten sie überein – das Potential gewaltig. Dazu lagen die Synergien zum «Münsterhöfli» auf der Hand: Wyss kannte bereits aus seiner «Blaue-Ente»-Zeit einige Gäste der «Schönau», eine Handvoll war auch schon in den «Münsterhof» gekommen. Mit andern Worten: gutes Mittagspublikum in der Stadt im «Münsterhöfli». Gutes Abendgeschäft am See in der «Schönau». Familien, Feiern, Geschäftsessen, verschwiegene Tete-a-Tetes. Die «Schönau» hatte damals rund 80 bis 100 Plätze innen und nochmals so viele auf der Terrasse. Allerdings war ihr Zustand jämmerlich. Der Investitionsbedarf beträchtlich: neue Decke, neue Böden, neue sanitäre Anlagen. Der Hauseigentümer beteiligte sich, was bei einer Jahresmiete von rund 300 000 Franken auch erwartet werden konnte. Neben dem Restaurant hatte die «Schönau» fünf Hotelzimmer, deren Bewirtschaftung allerdings mehr Aufwand als Ertrag brachte. Sie waren zwar beliebt, weil es damals zu wenig Hotelzimmer gab in Zürich. Auch das Timing war ideal: Die beiden eröffneten zum Zeitpunkt, als sowohl das «Ermitage» als auch das «Seehaus» ihre Türen als Hotel und Restaurant definitiv schliessen mussten und damit zwei Konkurrenten vom Markt waren. Der Betrieb lief dann auch okay, aber es brauchte Jahre, bis Restaurant und Hotel ihr Image aufpolieren konnten.

In der Bewirtschaftung der «Schönau» zeichneten sich erste Differenzen im Verständnis von Gastronomie ab. Michels Hang zum einfachen, anspruchslosen Essen stand in diametralem Gegensatz zu Marcs Vorliebe für exquisite Dinners in der Ruhe in einer heimeligen Gaststube. Trotzdem übernahmen die beiden nach kurzer Zeit einen dritten Betrieb: den «Königstuhl», den Gastrobetrieb des Zunfthauses zu den Schneidern. Die beiden wurden in der Presse als hippes Winning-Team der jungen Gastroszene gefeiert, Betriebe wurden ihnen angeboten.
Die beiden fühlten sich tatsächlich grossartig, sie fühlten sich gebauchpinselt vom Angebot eines derart angesagten Betriebes wie dem «Königstuhl». «Wir konnten ja alles», erinnert sich Marc Wyss mit schiefem Lachen. «Wir hatten ja beide grosse goldene Eier und trauten uns alles zu.»

Bauchlandung

Kam es aber nicht. Der «Königstuhl» war ein Horrorbetrieb. Gastronomie auf fünf Etagen. Unvorstellbar personalintensiv: Personalwohnungen, Bar, Beiz, Zunftsaal, Zünfter, die überall dreinredeten: bei der Preisgestaltung, dem Angebot, beim Personal, beim Mobiliar. Der Barkeeper war der ehemalige Star der «Roxybar», eine unantastbare Diva. Mit zwischenzeitlich über 120 Mitarbeitenden in vier Betrieben spürten Michel und Marc erstmals die Grenzen ihrer Belastbarkeit und ihrer Managementfähigkeiten. Die Verluste mit dem «Königstuhl» brachten die junge Gastrofirma Dargak GmbH, in die die beiden ihre Beteiligungen an «Königstuhl» und «Schönau» eingebracht hatten, in die Bredouille. Dass Michel seine «Pumpi», die eigentliche Cashcow der Gastrogruppe, nicht in die gemeinsam Firma eingebracht hatte («Janka will das nicht!»), trug nicht zur Entspannung der Situation zwischen den beiden Jungunternehmern bei.

Zerbrach darob ihre Freundschaft? Lagen hier die Anfänge der Entfremdung? Darüber, dass die Zahlen nicht stimmten, waren sich die beiden einig. Über die Modalitäten der Trennung allerdings nicht. So blieb am Ende nur der Gang zu den Rechtsanwälten. Die Ausgangslage war klar und komplex: «Pumpi», nicht in der GmbH, sondern bei Michel und Janka. «Münsterhöfli» nicht Teil der GmbH, schöner

Betrieb, leichte Gewinne, aber ohne Upside. «Schönau», zu teuer in der Miete, aber mit Entwicklungsmöglichkeiten, «Königstuhl», ein Cashburner. Das war die Situation – in den Augen von Wyss. Für Péclard hiess es: Mit dem Nötigsten überleben oder in Schönheit sterben. Wyss, so sagt Michel heute, wollte lieber mit dem Jaguar ins Verderben fahren als mit dem Velo zum rettenden Wurststand. Stimmt, sagt Marc Wyss. «Wenn jemanden die Kerzlein und Blumen und die sorgfältig-diskrete Beleuchtung nicht interessiert, ja es vielleicht gar nicht sieht, dann ist eben jeder Franken, der dafür ausgebeben wird, einer zuviel. Vor allem dann, wenn die Geschäfte nicht mehr so rund laufen.»

Bei den Schlussverhandlungen über die Trennung des gemeinsamen Unternehmens zeigte Michel ein paar der Charakterzüge, die seinen späteren Erfolg mitverantworteten: Nach zwanzig Minuten juristisch verbrämter Schuldzuweisungen schickte Michel die beiden Anwälte – seiner war von seinem Vater finanziert, der Anwalt von Wyss war vom Vermieter der «Schönau» gestellt worden – vor die Tür und einigte sich mit Wyss kurz und schmerzlos: Wyss behält die «Schönau», deren Potential nur er sah, und Michel behielt weiterhin das «Münsterhöfli». Die «Pumpi» war nie Bestandteil der Trennungsverhandlungen, den «Königstuhl» liessen die beiden hopsgehen. Und weil der Anwalt von Wyss, Kurt Hog, sich entschieden bissiger und engagierter zeigte, wechselte er die Seiten und war fortan integraler Bestandteil der Boyband von Péclard.

Michels erstes gastronomisches Abenteuer endete knapp vor dem Desaster. Er war mit einem blauen Auge davongekommen, eine Tatsache, die ihn nachhaltig prägen sollte: Michel war damals bereits verheiratet und Vater eines Kleinkindes. Deswegen hatte er auch sehr grosse Angst vor dem Scheitern, denn seine Frau – 1982 mit Eltern und Geschwistern vor der islamischen Revolution in Iran in die Schweiz geflohen – war einigermassen sicherheitsbedürftig, und er hatte nicht den Mut, ihr zu sagen, wie waghalsig er in Gastroprojekte investierte und wie haarscharf er» am Konkurs und an der Illiquidität vorbeigeschrammt war.

Nächste Station: «Tramstation»

Das Ende der Partnerschaft mit Marc Wyss bedeute für Michel nicht nur das Ende einer sehr komplizierten, komplexen, kompromissbehafteten Partnerschaft. Es bedeute auch das Ende des operativen Betriebes im «Münsterhöfli». Konkret: Michel brauchte neues Personal. Einmal mehr kam ihm nicht nur der Zufall, sondern seine Tätigkeit an der SHL zu Hilfe. Eine seiner Schülerinnen wusste von seiner Suche nach einem Mann für die Küche und sie war liiert mit einem Koch, der soeben aus dem Exil in Hamburg zurück war, wo er als Barmann in einem Rotlichtbetrieb gejobbt hatte.

Der Mann hiess Marco Però. Er befand sich gerade auf einer ausgiebigen Rekognoszierung der besten Weinhäuser Zürichs, als ihn seine Freundin anrief: «20 Uhr, Münsterhöfli, Vorstellungsgespräch mit Michel Péclard» wurde ihm mitgeteilt. Drei Stunden, zwei Liter Mineralwasser und eine halbe Stunde unter der kalten Dusche später sass Però im «Münsterhöfli». Péclard nicht. Er tauchte schliesslich auf, sein Zustand war so lamentabel wie der des Jobsuchenden. Die Unterhaltung war unstrukturiert und endete mit einem abrupten «Du bist angestellt». Das war im Frühling des Jahres 2001. Wenige Wochen später schloss das «Münsterhöfli» – wie immer – seine Tore für eine lange Sommerpause.

Però, dessen Tatendrang grösser war als sein Bankkonto und der sich mit der rauen Herzlichkeit von Péclard gut arrangiert hatte, fragte bei Péclard nach Möglichkeiten einer Sommerbeschäftigung; Janka hatte mit Baba zusammen den «Pumpi»-Grill zum Hotspot gemacht und sich mit einer Auszeit belohnt. Nach einem Vierteljahr auf Reisen kam sie mit einem klaren Plan nach Zürich zurück: Sie wollte kürzer treten. Und: Sie wollte – wie ihr geliebter Cousin – eine Familie.

Doch ausgerechnet in diesem Moment landete die «Tramstation» auf Michels Schreibtisch. Der Gemüsehändler Marinello hatte das verwaiste Häuschen von der Stadt gemietet, weil er dort ein Verkaufshäuschen einrichten wollte. Wegen interner Verzögerungen hatte er das Lokal Janka und Michel untervermietet.

Janka gefiel die Idee, aus dem Lokal eine feine Boutique für den kleinen Hunger zu schaffen. Sie sah sich ein bisschen köcheln, ein bisschen als Hausdame, ein bisschen Tintenfisch auf den Tellern, ein bisschen auf dem Helvti-Markt einkaufen gehen. Dieses Konzept gefiel aber sonst offensichtlich niemandem. Raphael «Raffi» Otto, der begnadete Designer und Bühnenbildner, der später noch viele Lokale für Michel designen sollte, hatte die «Tramstation» originell und attraktiv gestylt, aber was Janka kochte, war ungeniessbar. Die Zahlen brachen ein.

Er könne Janka zur Hand gehen, sie brauche seine Hilfe, offerierte Péclard dem umtriebigen Però, und der machte sich ohne Abstimmung mit Janka ans Werk.

Kaum war mit Però Ersatz in der «Tramstation», verabschiedete sich Janka in Richtung Landesmuseum und überliess die «Tramstation» dem «Münsterhöfli»-Koch. Ohne Konzept, ohne Vorgaben, ohne Hilfe. Die Location war eine One-Man-Show: Però kochte, tischte, servierte, räumte ab, wusch das Geschirr, putzte die Beiz. Eine Speisekarte gab es nicht, die Gäste bekamen, worauf sie gerade Lust hatten. «Just-In-Time»-Produktion: gefragt, gekocht, serviert, kassiert.

Das Lokal wurde im Handumdrehen bekannt, Stammkunden kamen drei-, viermal die Woche. Wenn man mit einem kleinen Saal Erfolg haben konnte, dachten sich Buchhalter Péclard und Pfiffikus Però, dann müsste man mit zwei Sälen doppelt erfolgreich sein. Schliesslich war da noch ein Untergeschoss. Zwar der Übungsraum einer Band, doch deren Mietvertrag mit der Stadt war am auslaufen. Weil die Stadt mit ihren Umbauplänen noch nicht so weit war, wurde Péclard gefragt, ob man allenfalls bereit wäre zur vorübergehenden Nutzung beider Geschosse. Das war man schon, nur stand fett im Vertrag: «UG KEINE GASTRONOMIE».

Però, in Sachen Risikobereitschaft Michels Bruder im Geiste, empfand diesen Vertragspassus nicht unbedingt als Verbot, sondern viel eher als Herausforderung. Mit Michels Einverständnis entwickelte er ein Gastrokonzept, dessen Realisierung weder Geld noch Zeit kostete und das innert kürzester Zeit wieder rückbaubar sein würde.

René Lang, ein weiterer Teufelskerl in Péclards exklusivem Bühnenbauer-Clan, machte einen tollen Job. Lang war damals ziemlich «broke». Er hatte zusammen im Rahmen der Expo auf dem Neuenburgersee eine aufsehenerregende Installation erstellt. Bezahlt worden war er dafür nie. Die Truppe brauchte Arbeit – und René und seine Crew verwandelten das Untergeschoss der «Tramstation» in einen angesagten shabby-chicen Schuppen. Kosten: weniger als 20 000 Franken. Dafür bestand die Lüftung aus Abluftrohren von IKEA, Aufputz-WC-Ablaufrohre und wacklige Blechtische. Als die 20 000 Franken weg waren, war alles da – ausser der Beleuchtung. Zwei Fliegen auf einen Schlag, muss sich René gesagt haben, als er im nahegelegenen Coop 50 Büchsen Pelati kaufte. Der Inhalt reichte in Renés Männer-WG für drei Jahre Tomatenspaghetti – und die Büchsen wurden zu bizarren Lampenschirmen umgestylt!

Zehn Tage später war Eröffnung des Untergeschosses. Das Angebot könnte bereits als erster Hinweis auf Michels Grundauffassung von guter Gastronomie gelesen werden: You get what you expect. Frisch, vor Ort zubereitet, kleines, aber überzeugendes Angebot. Im Falle des «Tramstation»-Kellers hiess das: frische Teigwaren, Salat – genauer: einen Fenchel- und einen Blattsalat – und als Hauptgang drei verschiedenen Teigwaren mit fünf verschiedenen Saucen.

Die Leute standen an bis zum Stauffacher. Reservationen gab es nicht, die Menschen standen brav an. Nach zehn Tagen standen zwei Männer am Eingang. Sie wollten keinen Tisch, sondern eine Betriebsbewilligung. Sie waren von der Wirtschaftspolizei der Stadt Zürich und teilten Però mit, dass das Untergeschoss nach der Polizeistunde für immer Geschichte sein würde.

Nun war allerdings der nächste «Züritipp» mit einem wohlwollenden Artikel über die köstlichen Pasta bereits im Druck. Die Freude der Stadt über Michel Angebot, man würde die kurzfristige Schliessung als «Berichtigung» mit Hinweis «Wirtschaftspolizei» dem «Züritipp» nachreichen, hielt sich in Grenzen. Die Stadt, bemüht, den Ball flach zu halten, bot eine provisorische und befristete Erteilung einer Betriebsbewilligung für den Pastakeller an. Bedingung: Die Freigabe durch die Feuerpolizei. Die Bewilligung blieb provisorisch, die Befristung auch – aber auf ein paar Jahre.

Als Janka sah, wie gut es – ohne sie - lief, wurde sie wütend. Aber sie war Profi genug: «So geil», kommentierte sie – und zog weiter. Zu «Life on Ice», dem bis dahin jüngsten Kind von Péclard.

Das Projekt hinter dem Landesmuseum war für die Pumpi Gastro GmbH trotz 50 000 Besuchern vor allem wirtschaftlich eine Fussnote. Doch eine Anekdote zeigt, wie Péclard Personalmanagement betreibt. Eines Abends schlich sich ein müde und abgekämpft wirkender Mann in eines der Zelte im Hof des Landesmuseums. Der Migrant war – wie sich herausstellte – in Mailand in den Zug eingestiegen und eingeschlafen und erst in Zürich wieder aufgewacht, als die Zugfahrt zu Ende war. Der Reisende spazierte aus dem Bahnhof und entdeckte beim Landemuseum um die Ecke Aktivitäten und Zelte. Da war es warm – und da gab es zu essen. Als Janka den jungen Mann hinter der Bar sah, fragte er freundlich und in gebrochenem Englisch, ob sie ihm vielleicht einen Job hätte. «Ja», antwortete die pragmatisch veranlagte Janka. «Du kannst beim Abwaschen helfen.»

Heute ist der Mann mit dem tiefen Schlaf, Basir Hadjihamrah, Geschäftsführer des Restaurants «Kiosk» beim Hafen Riesbach.

Michel, sagt rückblickend Marco Però, habe das alles sehr genau verfolgt, ohne einzugreifen, weil man Gastronomie betrieb, wie sie Michel gefiel: «Wir gingen überall an die Grenzen, an Street-Parade-Samstagen sperrten wir die Strassen bis zum Stauffacher, damit die Leute rund um die «Tramstation» und im Floor unten tanzen konnten, wir veranstalteten illegale Partys, feierten Feste bis am Morgen um fünf Uhr mit Plattenauflegern, die heute renommierte DJs sind. Das war zu Zeiten von Rohstofflager, Dachkantine. Wilde Zeiten. Viel Alkohol, noch mehr Drogen. Eines Nachts, Michel war in der Stadt auf dem Heimweg, brannte im Pastakeller noch Licht. Michel hatte Lust auf einen Absacker und stand unvermittelt vor seinem gesamten bekifften und paffenden Kader. Michel nahm das zur Kenntnis, trank ein Glas und ging. Ohne Standpauke, aber auch ohne Fraternisieren. Das war, sinniert Però, im Nachhinein betrachtet so etwas wie die Geburtsstunde der Péclard-Family. «Michel griff nicht ein, wenn alles rund lief, und zu helfen, wenn jemand Hilfe brauchte - menschlich, gesundheitlich, finanziell. Dann war er da. Immer.»

Aber das Narrativ, er sei eben ein kreativer Querkopf mit dem inneren Feuer des Buchhalters und dem genialen Riecher des Genies, ist zumindest für die Anfänge seiner Gastro-Laufbahn Geschichtsklitterung. Michel arbeitete bei seinem Einsatz in der Gastronomie vornehmlich im Büro, «weil er da etwas mehr an Talent und Enthusiasmus und

Ehrgeiz an den Tag legte als bei seinem anfänglichen Einsatz als Kellner», sagt Marcel Capecchi, der erste Chef in Michels Gastro-Karriere. «Michel arbeitete bei mir, weil ich seine Eltern sehr gut kannte.»

Dass Péclard bis heute nie richtig auf die Nase gefallen ist, verdankt er in erster Linie seinem Umfeld. Und seiner unglaublichen Gabe, Opportunitäten zu erkennen, und dem Mut, diese zu ergreifen. Opportunitäten für Locations und Arten von Restaurants; Opportunitäten aber vor allem im Bezug auf Menschen, mit denen er arbeiten möchte, von denen er sich inspiriert, verstanden und mit denen er sich wohl fühlt. Michel hat ein sehr feines Sensorium dafür, wer ihm nach dem Mund reden, sich einschmeicheln will - und wer ehrlich, ernst und standfest debattiert. Die Kehrseite: Michel zu enttäuschen, ist schwierig. Wer es trotzdem schafft, ist in Michels privatem und geschäftlichem Imperium Geschichte.

Wie auch - zumindest vorübergehend - sein einst enger Vertrauter Marco Però. Doch davon später.

Von Kiosken, Schneidereien und Campingplätzen

Heute ist der Mann Patron und Präsident des Verwaltungsrates eines des grössten und erfolgreichsten unternehmergeführten Gastroimperiums der Schweiz mit einem Jahresumsatz von gegen 80 Millionen Franken. Ihren Anfang nahm die Karriere des Mannes mit dem dramatischen Schnauzer, der später mit seinem Aussie-Virus in der «Outback Lodge» die halbe Stadt Zürich infizierte als einfacher «Kiosk»-Betreiber. Jahrelang führte Fredy Wiesner den kleinen Verkaufsstand vor der «Power-Of-Love»-Wand im Park hinter dem Hafen Riesbach, zu einer Zeit, als die Touristen kaum Augen hatten für den Park und den Zürichsee. Ihr Augenmerk galt dem Schnee, doch weniger dem auf den Glarner Alpen als dem in schmalen Linien auf Tischplatten drapierten.

Tatsächlich wütete in jener Zeit nicht nur im Letten die Drogenhölle, auch hier im Seefeld war das Beizen schwierig. Auto-Corsos mit Bündner-, St. Galler- und Aargauer-Nummernschildern cruisten im Park Riesbach, und ständig wechselten kleine Pakete und Geld zwischen Herren im Anzug und trommelnden Rastas. Dafür hielt die Stadt die Mieten in ihren Liegenschaften tief.

Jürg Keller, damaliger Chef der Abteilung Geschäftsliegenschaften der Dienstabteilung Liegenschaften der Stadt Zürich, war «not amused», als die Péclard-Boys nach der Übernahme des «Kiosk» 1999 die Wände in knalliges Orange tauchten. Auf den Einwand, in dieser hässlichen Ecke des Parkes an einem hässlichen Gebäude eine hässliche Wand orange zu streichen stelle keine Verschandelung dar, wusste Keller keine Antwort. Und der einst verschupfte «Kiosk» machte die Runde in allen Zeitungen der Region.

Die Stadt entschied, den Schandfleck abzureissen und einen Wettbewerb auszuschreiben, den das renommierte Architekturbüro Fuhrimann Hächler gewann. Das Gastro-Konzept gab ihnen einfache Vorgaben: «Pasta e Pizza.» Man lud daraufhin das Architektenpaar für ein paar Tage nach Neapel ein, zeigte ihnen Restaurants, Böden, Dekos, Pizzaöfen und Lampen, damit klar war, was den späteren Betreibern vorschwebte.

Oder besser: Wovon ursprünglich beim neuen «Kiosk» die Rede gewesen war. Doch mit der Planung wuchs der Appetit der Pumpi auf ein grösseres und attraktiveres Lokal. Statt Sandwich, Pommes und Bier musste es plötzlich Bulgur Salat, Rindshuft-Spiess und Trüffel-Pommes «Cervo Zermatt-Style» sein, dazu ein Gläschen Petit Arvine von «Chez Vrony»: Aus dem «Kiosk» war ein eigenwilliges, aussergewöhnliches und schliesslich auch preisgekröntes architektonisches Bijou geworden.

Unter der Leitung des jungen Flüchtlings Basir Hadjihamrah, der einst im Zug nach Zürich von den Behören «vergessen» gegangen war und sich bei Janka im Zelt von «Live on Ice» als Abwascher in die Péclard-Welt der Gastronomie geschmuggelt hatte, mauserte sich der «Kiosk» zu einem Kleinod inmitten der Seepromenade beim Hafen Riesbach. Abwechslung in den kulinarischen Klassiker-Alltag bringt jeden Advent Irma Dütsch, wenn sie den «Kiosk» jeweils in ein Winterwunderland der exquisiten Gaumenfreuden verzaubert.

«Das sind ja alles N..., oder nischt?»

Die Zusammenarbeit mit der damaligen Königin der Kochszene begann mit einer Kaskade an Vorwürfen seitens der Dame mit dem raspelkurzen Haar («man hatte mir bei meiner ersten Stelle in Rheinfelden verboten, mit langen Haaren in der Küche zu arbeiten»). Michel hatte mitbekommen, dass die Starköchin nach über vierzig Jahren in ihrem Restaurant in Saas Fee aufhören wollte. Dütsch, die erste mit einem Michelin-Stern und 18 Gault-Millau-Punkten ausgezeichnete Köchin, hatte rund um die Welt in Bangkok, Jakarta, Hongkong, Peking, Tokio, Osaka, Fukuoka, Hiroshima, Seoul, San José, London, in der Toskana, in Tirol, auf Sylt in Deutschland und in Bern, Langenthal, Gstaad, St. Moriz, Zürich, Greyerz, Zermatt, in Tallinn und in Riga gekocht und machte keinen Hehl daraus, dass sie sich als Star der Szene betrachtete. Das war nach Michels Geschmack.

Ohne ihre Kochkünste zu kennen, gefiel Péclard das Credo von Irma Dütsch. Um gut zu kochen, sagte sie, brauche es Kreativität, Freiräume und Grosszügigkeit. «Ein kleinlicher Mensch kann nicht gut kochen.» Auch ihre Auffassung von natürlicher Autorität («Ich musste nie betonen, dass ich der Chef bin. Wenn ich in die Küche trat, haben die Angestellten sofort gemerkt, wer das Sagen hat.») beeindruckte Péclard.

Er ahnte nicht, dass ihm diese Qualität einen Monat später eine Lektion in Sachen Fremdschämen bescheren würde.

Jedenfalls griff Michel kurzerhand zum Telefon und versuchte, der Neu-Pensionärin ein Engagement in seinem Restaurant schmackhaft zu machen. Frau Dütsch war empört: «Sie wollen, dass isch in eine Kiosk fait la cuisine? Vous êtes abandonné von allen guten Geistern? Wollen Sie mich offenser?» Völlig überrascht stammelte Péclard, dieser Kiosk sei selbstverständlich ein Restaurant und mitnichten ein «Kiosk» im herkömmlichen Sinne, aber der Mist war geführt: «Sie sind un idiot», fuhr sie ihn an und schmiss den Hörer auf die Gabel.

Drei Wochen später wurde Michel mit den Worten «Dütsch am Apparat» aus einem Meeting geholt. «Isch bin am Auptbahnhof. Olen Sie misch und zeigen Sie mir Ihre originelle Kiosk!»

Im Riesbachpark angekommen, zeigte sich Irma Dütsch überrascht: «Mais c'est charmant», rief sie begeistert und setzt sich in ihren wallenden schwarzen Gewändern mit dramatischer Geste auf einen der Bänke. Und sagte – mit Blick auf die Überlebenden der Drogenszene – einen Satz, der Michel schockierte: «Mais, was machen denn diese N.... hier?» Michels Aufforderung, ihre rassistische Sprache zu unterlassen, ging ins Leere. Schliesslich lenkte Dütsch ein: «Wir nehmen das, nicht wahr, Hans Jörg», beschied sie ihrem Ehemann. Michel strahlte – und überlegte, ob das wohl gut gehen würde. Es ging gut. Bis heute.

Die guten ins «Pumpi»-Töpfchen, die schlechten ins Gerichts-Krättchen

Seit Michels erstem kommerziellen Gastro-Engagement im «Münsterhöfli» schafften es 26 Betriebe zumindest vorübergehend unter die grossen Flügel der Pumpstation Gastro GmbH. Unabhängig vom Datum der Aufnahme in die «Pumpi»-Familie, von der Dauer ihres Platzes am Tisch der meist eher dysfunktionalen Familie, und unabhängig vom Konzept des Betriebes waren dies: Restaurant «Schönau» (Erlenbach), Restaurant «Münsterhöfli», Zunfthaus «Königstuhl», «Pumpi»-Grill, «Restaurant Tierpark» Langenberg (Langnau am Albis), «Tramstation», ««Café Prisma»/Balthasar», Restaurant «Kiosk», Restaurant «Coco», «Café Schober», Campingplatz «Fischer's Fritz», «Live on Ice» (Landesmuseum), Restaurant «Milchbar», Restaurant «Rooftop», «Badi Beach» (Thalwil), «Milchbar am Bellevue», Restaurant «Schiffstation» (Männedorf), Restaurant «Alpenblick» (Arosa), Restaurant «Mönchhof am See» (Kilchberg), Restaurant «Hafenbeiz» (Kilchberg), Restaurant «Portofino» (Thalwil), Restaurant «Pic Chic», Restaurant «L'O» (Horgen), «Badi Richterswil», Restaurant «NZZ am Bellevue», Inselwirtschaft «Ufnau» (Pfäffikon SZ).

Nicht alle diese Engagements waren erfolgreich, und wenn man Michel fragt, woran die Pleiten gescheitert seien, sagt er sofort «nicht an mir!». «Königstuhl» und «Schönau» scheiterten an überrissenen und unfinanzierbaren Qualitäts-Ansprüchen seines damaligen Partners Marc Wyss, des späteren Pächters der äusserst beliebten und erfolgreichen «Buech» in Herrliberg. «Der Mann stirbt in Schönheit», so das Urteil von Péclard – nicht ohne Respekt in der Stimme. Das «Café Prisma/Balthasar» und das Café «Schober» überlebten die mehr als fragwürdigen Geschäftspraktiken des

Teuscher/Dätwyler-Clans nicht. Péclards missglückter zweiter Ausflug an die renommierte Bahnhofstrasse war nach Aussagen von Michel ein Alleingang seines Partner Florian «Flo» Weber, der sich von den fünf Sub-Unternehmen des «Pic Chic» über den Tisch habe ziehen lassen. Einzig den Flop mit dem «Alpenblick» in Arosa nimmt Michel auf seine Kappe.

Mit ein bisschen Abstand lässt sich allerdings ein Muster seiner manchmal kostspieligen Pleiten erkennen: Wenn bei Michel der Kopf über den Bauch siegt, geht es schief. Das Erfolgsrezept von Péclard heisst: Zürich plus Zürichsee plus einfache Küche plus gute Ausgangsprodukte plus grossartige Locations plus gute Stimmung auch beim Personal, Ferien-Groove. Kurz: Restaurants, in denen Michel sich wohl fühlt, die er auch besuchen würde, wenn sie nicht ihm gehörten. Wenn er sich räumlich (Arosa) oder konzeptuell («Pic Chic») oder zielpublikumsmässig («Prisma/Schober») aus seiner Wohlfühlzone herausbewegte, geriet er ins Schleudern. Eine Behauptung, die Michel so nicht stehen lassen will. Darum lohnt sich ein genauerer Blick:

«Café Prisma»: Der Door-Opener

Anfang 2004 kaufte Michel von seinem Götti das «Café Prisma» Ecke Bahnhofstrasse/Schützengasse in Zürich. Den Preis – 100 000 Franken – zahlte Péclard nicht etwa, weil er seine Liebe zu Kaffee und Pain au Chocolat entdeckt hatte. Es war viel eher das Einstiegs-Investment für den ersten raffinierten Deal. Denn tatsächlich im Visier hatte Péclard das ikonische «Café Schober». Ob Péclard sich oder der Konkurrenz oder der etablierten Goldküsten-Klientel beweisen wollte, dass er mehr auf dem Kasten hatte als Abrissbuden und Fischknusperli, ist unklar.

Adolf Teuscher, so seine Überlegung, war achtzig, kinderlos, freudlos, nicht sehr beliebt, Erfinder der Champagner-Truffes und vor allem: Er war alleiniger Besitzer des Café «Schober». Péclard, der Lucky Luke der Gastronomie, der normalerweise den Kugelschreiber zur Vertragsunterschrift schneller zog als sein Schatten, wählte für einmal den vermeintlich smarten Umweg. Er verbündete sich mit Teuschers ehemaligem Lebens- und weiterhin Geschäftspartner, Felix Dätwyler. In dieser Liaison eines Farbenblinden mit einem kunterbunten Paradiesvogel – war von Anfang an der Wurm drin. Michel bezahlte den viel zu teuren Umbau, Dätwyler flutete das Café mit seiner berühmten rosa Blumenpracht. Als alles fertig und der Eröffnungstermin publiziert war, präsentierte Teuscher die Endkosten: Es sei alles teurer geworden, Michel müsse – leider leider – statt der vereinbarten 30 Prozent des Umsatzes deren 50 an Teuscher abliefern. Aussteigen war nicht mehr möglich, also schluckte Péclard die Kröte. Und weil das überraschend geräuschlos funktioniert hatte, erhöhte Teuscher den abzuliefernden Anteil flugs auf 60 Prozent. Entweder könne er nicht rechnen oder er kriege offenbar den Hals nicht voll, warf Michel seinem «Partner» an den Kopf. Die Reaktion des alten Kämpen: «Jetzt kostet es 65 Prozent.»

Getreu nach dem Motto «Nothing brings people closer than a common enemy» suchte Péclard eine Allianz mit Honold und Sprüngli, aber beide hatten Bedenken, sich mit Teuscher zu überwerfen. Daraufhin erwies Péclard seiner notorische kurzen Lunte einmal mehr alle Ehre und schmiss über Nacht alles Rosarote und alle Blüemli kurzerhand auf die Bahnhofstrasse, wechselte die Schlösser aus und taufte das Lokal statt «Café Felix» nun «Café Balthasar». Klar: Michel liebt das «Balthasar» in New York.

Am Morgen sassen die Leute in einem leeren, namenlosen Lokal, blickten auf die blumenübersäte Bahnhofstrasse und nippten an einem Kaffee aus ramponierten Tassen der «Tramstation»: Teuscher hatte auch das Geschirr mit seinem Namen verziert. Mit der ganzen nutzlosen Übung hatte Teuscher Péclard um satte 300 000 Franken erleichtert. Michels Gattin Mandana drehte durch – und Michel teilte für einem die Wut seiner Gattin.

Doch Péclard wollte Teuscher, der das Desaster im Hintergrund gesteuert hatte, nochmals treffen, um ihm zu sagen, was er von ihm hielt. Aber auch, weil er den Streit vom Tisch haben wollte. Michel lud Adolf Teuscher ins «Münsterhöfli» ein – 1. Stock. Teuscher kam tatschlich. Überliefert ist: Péclard machte dem Greis einen Riesenszene. «Was sind Sie für ein hinterhältiger Mensch, der seine Geschäftspartner bescheisst, ein alter Mann, den niemand mag, der seit Jahren nur Geld scheffelt um des Scheffelns willen.» «Ich weiss», war die erstaunliche Antwort, «Sie haben recht. Aber ich kann nicht anders!»

«Coco» ohne Chanel: Das Schneideratelier

2005 lief der Vertrag für die «Tramstation» aus. Marinello hatte sein ursprüngliches Interesse, an diesem Standort längst verloren. Die Stadt hingegen hatte angesichts des nie versiegenden Besucherstroms zum halblegalen «Kiosk» Blut geleckt und wollte nach einer umfassenden, rund dreieinhalb Millionen Franken teuren Renovation mit einem «anständigen» Gastrobetrieb Geld verdienen. Für Michel und seine Crew war damit der schäbige Charme des Kiosks weg, der Mietzins mit 160 000 Franken jährlich rief nach Preisen und Angeboten, die nullachtfünfzehn sein würden, nur dann konnte man Geld verdienen.

Das sah – nach zwei Jahren und ein paar tausend Franken Verlust – auch der neue Pächter der «Tramstation» Thomas Krebs so. Er hatte zusammen mit Catharina Joss und seinem Bruder Simon Krebs die «Tramstation» übernommen und unter dem Namen «Bubu» weitergeführt, allerdings nur den ebenerdigen Raum. Der legendäre Pastakeller war zu Küche/WC/Lagerräume/Büro degradiert worden. Krebs schmiss das Handtuch: zu hoher Mietzins, schlechtes Layout mit der Küche im Untergeschoss. Krebs zog weiter ins «Bürgli» und an den See («Chez Fritz»). Das «Bubu» wurde quasi zur Diner-Erweiterung des Hotels/Restaurants «Helvti» umfunktioniert.

Michel war auf der Suche nach einem Ersatz für die «Tramstation». Nicht etwa aus «strategischen» Gründen, um sein «Gastro-Portfolio» zu arrondieren. Das war für Péclard nie der Antrieb für neue Projekte. Ihm war es schlicht langweilig. Michel gehörte seit je eher zu denen, die Feuer entfachen, als zu denen, die die Glut hüten.

Ein Standort und eine Lokalität, die Michels Vorstellungen ideal entsprochen und die sich als ebenbürtiger Ersatz für die «Tramstation» empfohlen hätte, war eine ehemalige Karosserie-Werkstatt hinter der Swissmill. Vertiefte Abklärungen aber sprachen dagegen.

Michels Interesse verlagerte sich flugs zur nächsten verlassenen Werkstatt. Auf einem seiner Streifzüge durch die Hinterhöfe der Stadt Zürich hatte er hinter dem Paradeplatz die ehemalige «Änderungs-Schneiderei» der Traditionsfirma Saint Phil entdeckt. Saint Phil hatte zwei Bekleidungsläden an der Bahnhofstrasse betrieben, einen Herren- und einen Damenladen. Einen Steinwurf entfernt, im heutigen «Coco», war die Schneiderei der beiden Läden untergebracht. Das war Haute Couture. Die Angestellten kamen mit den Kleidern aus dem Laden, hier im finsteren Knusperhäuschen wurden Änderungswünsche oder Kleider in anderen Grössen geschneidert und genäht und dann wieder vorne im Laden den Kunden präsentiert. Nun stand das ehemalige Atelier leer, eingeklemmt zwischen ZKB und der Bank J. Safra Sarasin. Niemandem kam bei seinem Anblick ein Gastrobetrieb mit Publikumsandrang in den Sinn. Ausser Michel Péclard.

Im Weinkeller, wo heute Banker ihre Depressionen aushaltbar trinken, befand sich einst das Stofflager. Oben wurde geschneidert. Mit Coco Chanel hatte der Name des Ladens trotz Haute Couture aber nichts zu tun. Vielmehr war und ist das «Coco Beach» in Südfrankreich eines der Lieblingslokale von Michel.

Das Konzept war denkbar einfach: Fisch, Fleisch vom Grill, einen Gemüsekorb – auch der war eine Reminiszenz an den «Club 55», an der französischen Riviera. Der Knackpunkt: der Einbau eines Grills zwischen den eng zusammenstehenden Prachtbankbauten am Paradeplatz. Die Abluft musste über das Gebäudedach hinaus abgeführt werden. Die ganzen Abluftrohre der Gebäudeaussenhaut entlang mussten neu eingepackt werden, doch dann war kein Platz mehr für den Kamin des Grills. Die kurzerhand organisierten Baupläne des Nachbarhauses offenbarten dort eine Steigzone, die noch nicht «gefüllt» war. Problem gelöst.

Zumindest funktional. Architektonisch taugte das «Coco» höchstens als schlechtes Beispiel. Tatsächlich kam kurz nach der Eröffnung ein älterer Herr ins «Coco» und ass in der Bar eine Kleinigkeit. Bald darauf tauchte er erneut auf und wurde bald einmal zu einem Stammgast. Auffallend: Er kam jedes Mal in anderer Begleitung. Der Chef de Service wollte sich eines Tages für seine Treue bedanken. Es freue ihn, dass es ihm im «Coco» so gut gefalle. «Gefallen»?», fragte der Gast, «gefallen!?» Das sei wohl das hässlichste, schäbigste Restaurant, das er je besucht habe. Er sei Architekturdozent und komme immer mit Studierenden und Kollegen hierher, um denen zu zeigen, wie man es nicht machen solle. «Keine Linie stimmt, nichts ist richtig gerade, alles hässlich und schief und verkommen.»

Mag sein, aber als «Geschädigter» des «Kiosks» Riesbach wusste Michel dieses «Kompliment» richtig zu werten: Der von Stararchitekten preiswürdig gestaltete Schuppen war leer. «Coco», die unterirdisch ungestaltete ehemalige Schneiderei mit schiefen Wänden und schäbigem Interieur hingegen Abend für Abend voll.

Die banale, aber für Michels Walk of Fame zentrale Erkenntnis: Eine Beiz muss nicht «schön gepflegt» sein, sondern gemütlich.

Die Innenausstattung war tatsächlich preisgünstig gehalten worden. Anstatt teurer Innenarchitekturbüros wurden Bühnenbildner engagiert, deren Visionen damals vor allem von Christian Seiler / Stahl & Traum umgesetzt wurden. Das war eigentlich bei jedem Neuanfang so: Es wurde kaum Geld ausgegeben, heute würde man sagen shabby chic, aber meist war es einfach shabby. Im Falle eines schnellen Aus würde sich der Schaden in Grenzen halten.

Doch dieser Start gelang. Sehr gut sogar. Schnell einmal war klar, dass das «Coco» nicht nur wirtschaftlich das Nachfolgeprojekt der «Tramstation» war, man hatte auch den Groove mitgebracht. Bis heute sitzen die selbsternannten schönen, reichen und sich wichtig fühlenden Menschen runde um den Paradeplatz, im Gärtchen des «Coco» und geniessen ruhige Menschen.

Damit hätte es allerdings bald Schluss sein können – oder besser: Hätte es bei jedem anderen Betreiber Ende Jahr Schluss sein können. Das Gärtchen wurde Péclard vom Vermieter des «Coco» gekündigt. Und ohne Garten war das «Coco» in den Augen der Betreiber und der Kunden nicht mehr the Place to be.

Man muss nicht jeden Stolperstein auf Péclards Erfolgsweg ins Detail analysieren. Aber wenn der Umgang mit einer überraschenden Hürde geradezu exemplarisch für Michels Auffassung von «Management by Audacity» ist, wie im Falle «Coco»-Gärtchen, dann lohnt sich genaueres Hinsehen.

Zagen und Klagen ist im Hause Péclard ein No-Go. Ungemach einfach hinnehmen kennt Michel gar nicht. Also nimmt er die Kündigung als das, was sie auch ist: Eine Herausforderung für eine bessere Lösung.

Für Ortsunkundige: Das Gärtlein des «Coco» ist putzig, üppig von allerlei Sträuchern und Pflanzen umgeben, in einem Durchgang gelegen: rechts das Gebäude der alten Schneiderei, links – das wissen wohl nur wenige – ein unscheinbares, gelbes Häuschen. Darin lag vor rund 136 Jahren die Wiege einer Institution, die 2023 zu Grabe getragen worden ist: Das erste Kreditanstalt-Haus. Hinter dem Gartengässchen öffnet sich der Innenhof einladend, hell und luftig und gehört – selbstverständlich – einer Bank.

Immerhin ist das Schicksal Michels mit Coco-Gärtli gnädig gesinnt und verlängert die Frist um ein Jahr. Auf die Sommersaison 2025 hin wird Péclard die kühle Oase ein wenig «anheben»: Der Raum über der Bar, so der Plan, wird quasi zum Cabrio. Dach weg, Sonnenschirme auf, Rooftop vom Feinsten! So geht Terrassen-Verlegung à la Péclard. Ob's funktioniert: No risk, no fun.

Bittere Champagner-Truffes

Péclards Strategie für eine Übernahme des Café «Schober» im Zürcher Niederdorf war von allem Anfang an und in jeder Beziehung unüblich.

Unüblich war, dass Michel bereit schien, sich mit einem Partner zusammenzutun, von dem er sich nach einer juristischen Auseinandersetzung bereits einmal getrennt hatte. Marc Wyss, den Michel nach dem verunglückten Abenteuer im «Münsterhöfli», in der «Schönau» und dem «Königstuhl» zur Fraktion «lieber in Schönheit sterben als mit Kompromissen Geld verdienen» zählte, sollte mit Péclard zusammen das Projekt «Schober» angehen. Wie genau, war unklar. Eine Klärung der Zuständigkeiten erübrigte sich: Als es um den Beizug eines Art-Directors und Designers für Schriftzug, Verpackungen und Farben ging, erklären beide designierten Partner den genialen Max Zuber erstens als den einzig Richtigen und zweitens als exklusiv zu ihrem Lager Zählenden. Darüber hinaus wusste – so jedenfalls erinnert sich Péclard – Marc Wyss das belastete Verhältnis zwischen Péclard und der Vermieterschaft während einer längeren Abwesenheit Péclards zu nutzen für den Versuch, sich den Mietvertrag für das «Schober» unter seinen Nagel zu reissen. Michel trennte sich stattdessen umgehend von Wyss.

Mag sein, dass der schliesslich missglückte Versuch einer Kooperation ein Indiz dafür war, dass Michel seiner eigenen Kompetenz für ein Lokal der Sorte «alte Institution» nicht ganz traute. Dafür sprach auch, dass er sich diesmal nicht auf seine Intuition, nicht auf seine Entourage, nicht auf nur seine Bühnenbildner-Cracks – diesmal war Christian Seiler federführend - verlassen wollte: Er ging Kollaborationen ein, umgab sich mit Promi-Profis und etablierten, angesehenen Firmen.

Tee und Kaffee lieferte die Ikone des Kolonialwarengeschäftes, H. Schwarzenbach. Damit aus den erlesenen Kaffeebohnen auch ein exquisiter Kaffee-Genuss gebraut wurde, sollte der mehrmals ausgezeichnete Kaffee-Profi und Concierge des Hotels Cap Ferrat, Martin Egger, als Geschäftsführer sorgen. Für die Herstellung von Patisserie wurde der französische Star-Zuckerbäcker Patrick Mésiano verpflichtet, seines Zeichens Chefpatissier im Hotel Métropole in Monte Carlo und damit im Dienste von Joël Robuchon (dem nicht nur in Paris der Ruf eines Jahrhundertkochs vorauseilte); weitere Schleckereien und Köstlichkeiten wurden von der Confiserie Honold vom Zürcher Rennweg beigesteuert.

Während Honold und Schwarzenbach als Nachbarn zumindest logistisch leicht zugänglich waren, stellte die Lieferkette der Zuckerbäckerei das Unternehmen vor grössere Herausforderungen. Die ganze Produktion der Patisserie erfolgte in Südfrankreich von Mésiano himself und wurde einmal pro Woche in Tiefkühl-Fahrzeugen ins «Schober» geliefert, weil in Zürich angeblich eine angemessene Produktionsküche fehlte. Deshalb erfolgte im «Schober» lediglich die Finissage, Deko wurde appliziert, frischer Schlagrahm, hie und da ein Schoggi-Krönchen.

Schlecht lief das «Schober» schliesslich nicht, ganz im Gegenteil. Umsätze übertrafen bald die Erwartungen. Aber keiner weiss so gut wie Zahlenmensch Péclard: Wenn die Einnahmen zwar stimmen, aber die Ausgaben explodieren, kann nicht von einem gesunden Betrieb die Rede sein. Und der Aufwand im «Schober» war gigantisch. Neben einer astronomischen Miete brachen vor allem die horrenden Warenkosten dem Kaffeehaus das Genick. Insider wissen: Wenn die Warenkosten 30% des Umsatzes überschreiten, wird es kritisch. Die Warenkosten im Schober betrugen rund 70%. – unter anderem, weil bei Ankunft des wöchentlichen Kühlwagens aus Frankreich regelmässig die Hälfte der Leckerbisschen beschädigt, lädiert, ramponiert und damit unverkäuflich war.

Jedenfalls: Nach neun Jahren brach Michel die Verhandlungen mit der Vermieterin ab und überliess das «Schober» der Stiftung Arbeitskette. Nach einem Investment von rund 1.7 statt der geplanten 1.2 Millionen Franken und jährlichen Verlusten im tiefen sechsstelligen Bereich war Péclard angesichts der unnachgiebigen Haltung der Vermieterin in Sachen Mietpreis-Nachlass der Geduldsfaden gerissen. «Es war nicht unser Metier, es fehlte uns die Kernkompetenz», resümiert Péclard seinen ersten richtigen Flop. Tatsächlich hatte sich in dieser Zeit auch das Niederdorf zu einer Touristen-Falle gemausert. Hip wurden andere Quartiere, man ging weg vom Niederdorf. Von der Péclard-Crew interessierte sich niemand richtig für das «Schober». «Es konnte sich auch nicht richtig etablieren in der Gruppe, weil kein Mitarbeiter-Austausch stattfinden konnte. Jedenfalls nicht in der Küche», so Péclards Bilanz.

Zelten am Stadtrand

Michel Péclard ist ein Vollblut-Seebub. In Kilchberg aufgewachsen als Sohn angefressener Segler (sein Vater war Langzeit-Präsident des Seerettungsdienstes!), hatte er seine Adoleszenz auf der Halbinsel Hurden am und im Wasser ausgelebt. Kein Wunder also, dass der Unternehmer Péclard in seinen Mussestunden am Seeufer – oft zwischen Kilchberg und Zürich – flanierte. «Mönchhof», Campingplatz, «Seerose», «Quai 61» und «Wöschi» lagen auf seinem Pilgerweg. Der «Mönchhof» gehörte dem umtriebigen Gastro- und Immobilien-Zocker Marcel Capecchi, die «Seerose» seinem befreundeten Gastrokollegen Thomas Krebs, im »Quai 61» mit seiner Stadt-Zürich-Fredy-Burger-Beizer-Struktur wollten zu viele verdienen, die «Wöschi» war nach zig Wechseln von selbsternannten Gastrokönigen über schmucke Hair-Artisten zu Quartier-Beizern in seinen Augen «verbrannt».

«Geh mal auf den Campingplatz essen», sagte Michel eines Tages zu Marco Però, seinem damals engsten Vertrauten. Gemundet hatte es offenbar nicht: Er habe seiner Lebtag noch nie so schlecht gegessen, berichtete Però dem gwundrigen Péclard. Halt einfach ein Campingplatz, dessen Langzeitbetreiber Ueli Glättli völlig ambitionslos (geworden) sei.

Dreissig Jahre lange hatte er auf einem Dreiplatten-Haushaltherd gekocht, was man in seinem Campingplatz angeblich erwartete: Pommes, Fleischkäse, Wurst, Salat – und Gelati aus der Kühlbox. Oben, im ersten Stock, befand sich ein Raum, den Glättli «Restaurant» getauft hatte, unten waren Personalzimmer. Das einzige Asset des Platzes war – klar – die absolut grossartige Lage.

Neben dem kulinarischen war auch das bauliche Angebot auf dem einzigen Campingplatz Zürichs nicht nur grenzwertig, es war auch höchstens grenzwertig legal: Personalzimmer, Restaurant, Fluchtwege, WC/Duschen waren seit Jahrzenten weder von Feuerpolizei noch von Gesundheitspolizei noch vom Lebensmittelinspektorat kontrolliert worden. Bewilligungen? Wofür? Der leicht verslumte Campingplatz hatte die Stadt Zürich schlicht nicht interessiert. Der Betreiber hatte faktisch Carte blanche, für die Kontrolle des Platzes fühlte sich niemand zuständig. Wahrscheinlich ist die Einschätzung der Gastrobrache, Behörden wie Liegenschaftenverwaltung, Lebensmittelinspektorat, Wirtschafts- und Feuerpolizei würden in jeder Beziehung unwirtliche Orte kontrollmässig absichtlich aussen vor lassen, für den Umgang mit dem Campingplatz zutreffend. Marco Però machte keinen Hehl aus seiner Einschätzung: «Wenn du den Campingplatz übernimmst», sagte er ohne Umschweife, «dann ohne mich!»

Gegenwind gabs auch von privater Seite: «Wenn du den Campingplatz übernimmst, dann lasse ich mich scheiden!», drohte Mandana Péclard.

Wenn der Drache steigen will, muss er gegen den Wind fliegen. Keine Ahnung, ob Péclard dieses chinesische Sprichwort kennt. Sicher aber ist: Der geschlossene Widerstand seiner privaten und beruflichen Entourage weckte seinen Geschäftsinstinkt. Denn auch die Stadt war angesäuert.

«Campingplatz: Stadt hätte mitreden wollen» titelte «20 Minuten», nachdem Péclard sozusagen durch die Hintertüre den Campingplatz Wollishofen übernommen hatte. «Ohne dass die Stadt als Besitzerin mitreden konnte – zum Verdruss der Liegenschaftenverwaltung.»

Tatsächlich hatte Péclard Freunde – in diesem Fall Gattin Mandana und Compagnon Però – und Feinde (die Liegenschaftenverwaltung der Stadt Zürich) durch einen seiner Alleingänge brüskiert. Genau gesehen hatte er auch sich selber überrumpelt.

Michel hatte im Rahmen der Euro 08 zusammen mit dem Rundfunk-Fm-Gründer Oliver Scotoni auf dem Bürkliplatz in der «Ganymed»-Bar gewirtet. Eines sich später als denkwürdig entpuppenden Abends war Ueli Glättli ebenfalls Gast in der Bar des schönen «Mundschenks der Götter». Glättli war seit dreissig Jahren Betreiber des Campingplatzes «Seebucht» in Wollishofen. Nach ein paar Gläsern kamen die Tischnachbarn ins Gespräch. Ob er zufällig jemanden kenne, der sich für den Betrieb des Campingplatzes Wollishofen interessieren könnte, fragte Glättli seinen Bar-Nachbarn Péclard. Michel kannte einen – und begann das Eisen zu schmieden, solange es noch heiss war. Nachdem er zufriedenstellende Antworten auf seine beiden Standard-

Fragen «Wie lange dauert der Mietvertrag, und wie hoch ist die Miete?» erhalten hatte, roch er ein Geschäft. Er liess Glättlis «Das muss ich mir mal überlegen» nicht gelten und schmiss eine 150 000-Franken-Offerte in die Runde. Der Betrag war so zufällig wie clever: Die Offerte verfing, und die beiden unterschrieben weit nach Mitternacht eine auf die sprichwörtliche Serviette gekritzelte Vereinbarung.

Der mitternächtliche Sponti-Deal sorgte am anderen Morgen reihum für Katerstimmung: Péclards Anwalt Kurt Hog stauchte seinen Klienten zusammen, weil dieser sich mal wieder eine vergammelte Location ohne «Due Diligence» gekrallt hatte; Péclard wusste, dass sein Anwalt recht hatte, denn er hatte kaum Geld und keine Ahnung, wie er diese Übernahme seinem Partner und seiner Gattin beibringen sollte; Ueli Glättli stand urplötzlich ohne seinen Arbeitsplatz da; und die Dienstabteilung Liegenschaften der Stadt Zürich fühlte sich übertölpelt: Péclard war auch nach der dritten Flasche noch smart genug gewesen, von Glättli nicht den Betrieb, sondern die Gesellschaft zu übernehmen, die den Campingplatz betrieb. «Die Personen hinter einem Projekt sind für uns sehr wichtig. Wir können aber Verkäufe von Gesellschaften, die Mieter unserer Liegenschaften sind, rechtlich nicht verhindern», kommentiert die städtischen Liegenschaftenverwaltung, Péclards Schachzug. Doch die Stadt werde bei der Gestaltung des Campingplatzes, der mehr auf Gastronomie setzen wolle, «massgeblich mitreden». Schliesslich müssten ja auch noch die notwendigen Bewilligungen eingeholt werden.

Spätestens im Winter 2008/2009 verfluchte auch Péclard seinen eigenen Übermut. Zwar hatte die Verzagtheit von Ueli Glättli über seinen plötzlichen Verlust des Arbeitsplatzes Michel ein Jahr Luft verschafft: Glättli bat um den Aufschub des Deals um ein Jahr, und Michel konnte sich Grossherzigkeit leisten, denn damit erkaufte er sich zwölf Monate für die Beschaffung der Mittel für die Abschlagszahlung und – viel wichtiger – für den sich abzeichnenden Investitionsbedarf. Eine nachträgliche «bauliche Due Diligence» brachte auch den Optimisten Péclard um den Schlaf: Der Zustand der Infrastruktur war katastrophal, sein Konto leer, sein Geschäftsführer Però hatte angekündigt, ihn mit seinem Campingplatz schmoren zu lassen, seine Gattin Mandana war unüberhörbar empört.

Allen Zweiflern und Warnern zum Trotz hatte Péclard mit seinen letzten Getreuen aus der Abteilung Bühnenbild und Bühnenbauten den Zeltplatz und den vernachlässigten Gastrobereich schön hergerichtet. Aus den Personalzimmern war eine Bar gedrechselt worden, aus der damals eher hässlichen schmutzigen Blache, deren Bewilligung geknüpft war an die Auflage, sie nur «als Aufenthaltsort für die Campinggäste» und «nur in der Saison» zu nutzen, war ein adrettes, im Zentrum stehendes, weisses Zelt entstanden. Und da in den Augen von Michel immer irgendeine «Saison» war und je nach Auslegung jeder Besucher eines Campingplatzes als «Campinggast» gelabelt werden konnte, nutzte er das Zelt immer und für alle. Statt des dringend benötigten Warenliftes zur Küche wurde eine Hebebühne ausserhalb des Gebäudes eingerichtet. Alles neu. Das Einzige, das aus den alten Zeiten blieb: Alles ohne Bewilligung.

Damit hatte Péclard den grössten Gegenwind selber geschaffen: Die Stadt rächte sich, indem sie den eher vernachlässigten Campingplatz nun rund um die Uhr unter die Lupe nahm. Oder ins Fernglas: Frontex-mässig kreuzte die Seepolizei vor dem Landesteg, Gäste, Boote, Fender, unbotmässige Anlegemanöver, alles wurde minutiös protokolliert. Feuerpolizei, Lebensmittelinspektorat, AWEL, das Amt für Abfall, Wasser, Energie und Luft, sie alle besuchten «Fischer's Fritz» regelmässig und unangemeldet. Die schlimmste Feindin war eine Wirtschaftspolizistin. Sie hatte den Kampf gegen Péclard zur Chefsache gemacht in einem Ausmass, dass es selbst dem Chef bei der Liegenschaftenverwaltung peinlich wurde.

Was den Behörden besonders sauer aufstiess: Der Campingplatz war vom ersten Moment an ein durchschlagender Erfolg und genoss bei Trendsettern, der lokalen Bevölkerung, bei den Campinggästen und bei den Lebensmittelproduzenten der Region Sympathien und Zuspruch. Ein Erfolg, der sich auch in positiven Medienberichten zeigte. Unter der Überschrift «Ein Campingplatz wird wachgeküsst» schwärmte «20 Minuten» vom neuen Campingplatz. «Nun kommt frischer Wind hinein: Michel Péclard und sein Team übernehmen das Ruder». Als «der schönste Stadtzeltplatz Europas» wurde der Campingplatz angepriesen, denn hier seien «der See blauer und die Wiese grüner».

Ob der See blauer wurde, ist unklar, klar ist: Die Fische, die fortan im Campingplatz auf den Tisch kamen, waren frisch. Dafür sorgt bis heute Berufsfischer Adrian Gerny, der einzige auf Stadtgebiet, der seinen Fang täglich vor Ort verarbeitet und anbietet. Auch bei den anderen Spezialitäten setzte Péclard auf Produzenten aus der Region: den Bauernhof Stockengut aus Kilchberg oder die Winzer rund um den Zürichsee.

Für Péclard und seine Crew wurde der Sommer 2010 zu einem «Gring achä u secklä»-Sommer. Chaos pur. Was die Küchen-Crew aus der äusserst bescheidenen Kücheninfrastruktur heraus produzierte, war schlicht unglaublich. Die Geduld und die Toleranz der Gäste waren das allerdings auch: Wer nach zwei Stunden warten endlich sein Essen – leider das falsche – bekam, ass und schwieg und war happy. Eine der Antworten auf den oft kaum zu befriedigenden Run auf die Küche war die Geburt des «Signature-Dish», der zu Michels abwertenden Nickname werden sollte: «Fischchnusperli-Beizer». Wahr ist, diese Fischknusperli wurden aus der Not geboren. Sie waren einfach zu produzieren und dank Fischer Gerny fast immer verfügbar. Und gut, weil frisch gefangen. Bis heute ist Adrian Gerny, der stets gut gelaunte, knorrige «Chnusperli-Fischer» vom Zürichsee eines der wichtigsten Rädchen in Péclards Gastro-Maschine.

Zu jedem Märchen gehört eine böse Hexe. Hier war es die zuständige Polizistin für Wirtschaftsdelikte der Stadt Zürich. Nach fünf Jahren spuckte fehlte dem «Fischer's Fritz» in Wollishofen 2015 plötzlich die formelle Bewilligung für die Bewirtung des Aussenzeltes. Hochzeiten, Geburtstags- und Firmenfeste mussten abgesagt werden, Personal wurde entlassen. «Mittlerweile geht die Stadt so rigoros vor, dass nicht einmal mehr auswärtige Gäste im ‹Fischer's Fritz› bewirtet werden dürfen», klagte Péclard. Seit fünf Jahren

führe er den Campingplatz und das Restaurant, und von den Behörden habe sich nie jemand über die Feste im Zelt beschwert. Die rechtliche Situation sei klar, das gehe aus Bauentscheiden hervor und sei Péclard im September mitgeteilt worden, entgegnete Urs Spinner vom Hochbaudepartement. Maximal für sechs Veranstaltungen dürfe man das Aussenzelt pro Jahr nutzen. In erster Linie solle es ein Aufenthaltsort für Campinggäste bei schlechtem Wetter sein. Laut Spinner dürfe Péclard aber auch weiterhin auswärtige Gäste im Restaurant willkommen heissen.
Seither hat Péclard erfolgreich eine neuen Baubewilligung für den Aussenbetrieb mit Zelt und Tischen bekommen, Spinner hatte seitens der Stadt im Rahmen der gesetzlichen Möglichkeiten Hand geboten für eine Umzonung des Campingplatzes, es finden aller Gattung Feste und Partys statt.

Zaki

Der Erfolg von «Fischer's Fritz» ist aber nicht nur der Location geschuldet. Das zweite Rad und das unbezahlbar beliebte Gesicht dieser Goldgrube heisst Zakariya Ibram. Zaki ist ein «Péclard-Kind», mit einer Karriere, wie sie einerseits für den Mann aus Marokko spricht, wie sie aber vor allem all jene Lügen straft, die behaupten, Michel «kaufe» seine «Jünger» mit Geld und Ausflügen nach Miami.

Zaki, Marokkaner, geboren in Genf und aufgewachsen in Zürich, suchte 2009 einen Job im Service, stellte sich im «Coco» vor und lernte die damalige Nummer zwei in Péclards Gastrogruppe, Marco Peròkennen. Però stellte den ungelernten jungen Mann auf Probe ein – als Kellner im «Münsterhöfli». Nach nur einer Woche sollte er im «Coco» aushelfen, doch er schaffte es nicht trocken über den Paradeplatz zum «Coco». Am Nachmittag gabelten ihn Mitarbeiter auf – noch immer betrunken vom Vorabend. Für Però war klar: fristlose Entlassung. Doch Zaki bekam überraschend Hilfe von seinem künftigen Mentor, Ali Sarikaya, damals Chef des «Münsterhöfli» und heutiger Pächter des Rapperswiler Restaurants «Stampf». Zaki kam mit einer Verwarnung davon, und Ali gelang es, den talentierten Mann auf den rechten Weg zum begabten und beliebten Kellner zurückzubringen. «Ich hätte mich damals schon längst rausgeschmissen», sagt Zaki im Gespräch auf dem Campingplatz am Zürichsee. Heute sei er glücklich, sagt er, aber den steinigen Weg dahin hätte er ohne Michel niemals geschafft.

Zwei Jahre nach dem Umzug der «Münsterhof»-Crew ins «Fischer's Fritz» wurde Zaki Geschäftsführer. Michel und Flo seien damit ein Risiko eingegangen, denn niemand habe wirklich gewusst, ob er das könne. «Ich hatte ja selber immer Schiss, dass ich das alles gar nicht schaffe, weil ich – im Gegensatz zu allen andern GF – keine Hotelfachschule besucht hatte, ein Quereinsteiger war, dazu mit einer Alk-Vergangenheit. Und ja, das auch noch: Ich habe eine zweijährige Kellnerlehre gemacht und nicht mal die bestanden.» Michel habe immer hinter ihm gestanden, habe ihm immer wieder bestätigt, dass er einen guten Job mache. «Ich habe doppelt so viel gearbeitet, um allen zu beweisen, dass ich es kann.» Dabei habe er sich regelmässig übernommen, und er sei wieder in ein Loch gefallen. «Scheiss gebaut!» Michel habe ihm immer wieder auf die Beine geholfen. «Michel ist der Vater, den ich nie hatte. Michel hat mir im beruflichen und privaten Leben sehr viel beigebracht. Eigentlich alles, worauf es ankommt. Das Leben, das ich heute geniesse, geniesse ich dank Michel.»

Irgendwann 2018 leistete sich Zaki den einen Absturz zuviel. Michel konnte den Drogen- und Alkoholkonsum von Zaki nicht mehr hinnehmen, ohne ungerecht zu erscheinen gegenüber den anderen Geschäftsführern. Zaki musste die Firma verlassen und nahm einen Job an im «Samigo». Nach drei Monaten – Michel war soeben von seiner Weltreise mit Sohn Dariush zurück – sassen die beiden in Michels Wohnung eine Nacht lang zusammen, redeten, Tränen flossen, Versprechungen wurden gemacht, Vergangenheit und Zukunft besprochen.

Schliesslich kehrte Zaki ins «Fischer's Fritz» zurück. «Gottseidank» sagt er heute. «Das ‹Fischer's› ist meine Familie, mein Zuhause. Ich werde im ‹Fischer's Fritz› arbeiten, bis ich tot umfalle. Ich habe das mit Michel so besprochen.» Er habe sehr gerne Routine, und er sei gerne allein. Er habe nichts neben dem «Fischer's Fritz», keine Beziehung, keine Kinder. Er treibe Sport, spaziere, ernähre sich gesund, mache seine Saftkuren.

Péclard, so scheint es, lässt sich das Wohl seiner Mitarbeiterinnen und Mitarbeiter sehr viel kosten. Aber nicht Geld, sondern Aufmerksamkeit, Sorgfalt, Verantwortung, Menschenkenntnis, Geduld, Wärme. Davon hat Michel einiges mehr als Geld! Und er hat selber erlebt, was es heisst, aufzuwachsen ohne Wärme, Vertrauen und die Geborgenheit, die nur die Liebe der Eltern geben kann.

Però – vom zugigen Zelt in die warmen Stuben

Aber auch materiell war der Campingplatz nicht gratis: Zwei Millionen Franken hatte die Renovation 2010 gekostet, und seither mögen noch ein paar hunderttausend für Erneuerungen und Modernisierung dazugekommen sein. Wenn man Michels Lächeln sieht, wenn er sich auf seinem Handy die Umsätze dieses Sommers mit seit der Pandemie unbeschränkter Aussenbestuhlung in Echtzeit betrachtet, kann man annehmen: Die Investitionen haben sich gelohnt – um es zurückhaltend zu formulieren.

Die erfolgreiche Übernahme des Campingplatzes bedeutete gleichzeitig das Ende einer erfolgreichen Zusammenarbeit. Genau genommen lag der Anfang vom Ende bereits einige Zeit zurück. Però war für ein paar Monate der Mann, auf dessen Namen der Mietvertrag für das «Coco» ausgestellt und von ihm – zusammen mit Péclard - unterschrieben worden war. Tatsächlich trug sich Péclard mit dem Gedanken, seinen langjährigen Mitstreiter an der Pumpstation Gastro GmbH zu beteiligen. Allerdings hatte – wie sich bald zeigen sollte – dieser Mietvertrag nicht für alle Beteiligten denselben Stellenwert: Für Però war er das Glückslos für den Eintritt zum Unternehmertum, für Michel ein Vertrag für eine Location, von der er noch nicht einmal genau wusste, was er mit ihr vorhatte und deren Realisierung vorerst wegen anderer, dringenderer Projekte auf die lange Bank geschoben wurde.

Entsprechend wunderte sich Péclard, weshalb Però auf einmal aufreizende Selbstsicherheit ausstrahlte, jeden Morgen verschlief, und tat, als sei das kein Problem, und sich auch nicht entschuldigte. Aber überall hatte er eine grosse Klappe, und hausierte mit Behauptung, nunmehr Teilhaber bei Michel zu sein.

Péclard war mit anderen Projekten befasst, und bevor er sich überhaupt damit beschäftigen konnte, wie er Però konfrontieren konnte, erwischte er ihn bei – nun – einer spezifischen Form des «über die Stränge schlagen». Für Péclard bekanntermassen ein absolutes No-Go. Zwei, drei Anrufe später war definitiv und belastbar klar, dass der Konsum von illegalen Substanzen bei Però kein einmaliges Abenteuer gewesen war. So kam es eines Morgens um fünf Uhr früh an der Bahnhofstrasse zu einem Zusammenstoss zwischen den beiden, genauer: zu einer epochalen Standpauke für Però. «Ich sagte ihm, er solle umgehend aufhören, mit seinem ‹Coco›-Vertrag zu gambeln. Entweder übernehme er das ‹Coco› oder ich.» Però hatte keinen Rappen in der Tasche, also war die Sache klar.

Anscheinend aber nur für Péclard. Però veranstaltete trotz dieses Eclats hinter Michels Rücken weiterhin im Pastakeller der «Tramstation» illegale Partys – mit reichlich Drogen. Doch er organisierte eine Party zu viel: Während Péclard in Skandinavien unterwegs war, fühlte sich Però sicher, zu sicher. Er war unvorsichtig genug, aus Versehen Michels damalige Gattin Mandana zu einer dieser Partys einzuladen.

Però zeichnet das Ende der Zusammenarbeit mit Péclard kaum überraschend in leicht rosigeren Farbtönen: «Nach einem genialen Sommer hatte ich das Gefühl, an einem Wendepunkt angekommen zu sein. Ich hatte mit Michel zehn intensive Jahre erlebt, ich war sein dienstältester Mitarbeiter, seine rechte Hand, vielleicht auch Freund. Aber Michel hat einen ziemlich gut ausgebildeten Geltungsdrang. Ich wusste, ich würde immer in seinem Schatten stehen. Aber ich war dreissig, ich wollte in einem anderen Unternehmen selbst die Nummer eins sein. Ich wollte mich selbständig machen.» Sein erster eigener Laden war «Drei Stuben».

Try & Error an der Bahnhofstrasse

Michel Péclard, kurze Hosen, seine Velofahrer-Wädli betonend, Flip-Flops und ein ausgeleiertes T-Shirt über dem «Zeropack», ist nicht der typische Bahnhofstrassen-Gastronom. Auch optisch nicht. Er ist nicht wie beispielsweise der elegante Markus Segmüller im «Carlton» und im Banker-Place-to-be «James Joyce». Oder der stets makellos gedresste Rudy Bindella jr. im «Contrapunto», im «In Gassen» oder in der «Cantinetta Antinori». Péclards Glück mit Lokalen an der Prestige-Meile Zürichs hält sich denn auch in Grenzen.

Nach dem Ausflug ins Tearoom-Geschäft mit dem Café, das viele Namen hatte, dauerte es ein Jahrzehnt, bis sich Michel keine hundert Meter von seinem ersten rosarot-blumigen Café-Versuch entfernt, ein schnödes Bürohaus als Location der Begierde anlachte.

Die lange Zeitspanne hatte weniger mit der Tiefe von Péclards Analyse des «Café-Prisma»-Schocks zu tun als mit der Tatsache, dass es ihm an Inspirationsquellen mangelte. Michel machte (und macht noch heute) keinen Hehl daraus, dass sich seine konzeptuellen Höhenflüge meist im schnöden Abkupfern irgendwo auf der Welt entdeckter In-Beizen erschöpfen. Allerdings – muss man präzisieren – im cleveren Abkupfern sorgfältig ausgesuchter Konzepte.

«Rooftop»

Seit seinen vielen Reisen unter anderem auch nach Singapur, Hongkong und an die US-West- und Ostküste hatte Michel schon lange den Wunsch, in Zürich eine Rooftop-Bar oder ein Dachterrassen-Restaurant zu eröffnen. Damals, Anfang der 2010er Jahre, wurden Zürichs Dächer mehrheitlich von privaten Gastgeberinnen bespielt.

Bei einem seiner legendären Streifzüge durch die nächtliche Stadt stand er vor der Modissa und fragte sich, ob das Modehaus tatsächlich sieben Stockwerke brauche, um seine Kleider an die Frau zu bringen. Er erkundigte sich und erfuhr: Tatsächlich, der oberste Stock wurde nicht als Verkaufsfläche genutzt. Ein paar Telefonate später stand ein erster Besichtigungstermin, und Michel war Feuer und Flamme für den Ort, doch die Mietvorstellungen der Familie Gablinger horrend. Beim Hinausgehen frage Péclard beiläufig, was oben auf dem Dach beheimatet sei. Das sei lediglich Technik, winkte die Vertreterin der Hauseigentümer ab. Michel wollte sich das trotzdem ansehen und zeigte Interesse. Die Frage nach dem Mietpreis war eher unerwartet und konnte unter Hinweis auf den erheblichen Investitionsbedarf nicht beantwortet werden. Doch Michel hatte sich festgebissen: Nein, sagte er, investieren müssten die Vermieter rein gar nichts. Wenn er einen langfristigen Vertrag zu vernünftigen Konditionen bekomme, würde er das gesamte Investment selbst tragen. Ein paar Gesprächsrunden später unterschrieb er einen langfristigen Mietvertrag für das, was zu einer der ersten Happy-Hour-Bars mit Dachterrasse und grossartiger Sicht auf die wuselige Bahnhofstrasse werden sollte. Beide waren happy: Gablingers bekamen Miete für eine Etage, die gar nie eine war, und Péclard hatte für eine bescheidene Miete eine Location, die bald sehr angesagt war.

Picken im schicken Ambiente

Einer der Gründe, weshalb Péclard in seinem Beizen-Curriculum so wenige Flops erklären muss, ist eine Folge seiner formidabel ausgebildeten Fähigkeit zur Verdrängung. Er «outsourced» seine Misserfolge. Als Péclard vier Jahre später sein Glück an der Bahnhofstrasse zwischen Bahnhof und Paradeplatz erneut versuchte und mit gut zwei Millionen Verlust auf die Schnauze fiel, reagierte er auf die Frage nach den Gründen gelassen: «Pic Chic», sagte er, «da musst du Flo fragen, das war sein Kind.»

«Bei Projekten», grinst Flo auf «seinen» Flop angesprochen, «gelten die gleichen Regeln wie bei Mitarbeiterinnen und Mitarbeitern: Gute Mitarbeiter hat Michel gefunden und angestellt. Pfeifen habe ich einen Job gegeben. Dito bei Lokalen: Goldgruben hat Michel entdeckt und realisiert, Moneyburner habe ich aufgerissen. Diese Aufteilung ist intern der Running Gag.» Doch diesmal, gibt Flo – wieder ernst geworden – zu, diesmal stimme Michels Version. Genau zur Hälfte. Michel habe den das «Pic Nic» – so der ursprüngliche Name – tatsächlich nicht gewollt. Flo aber auch nicht.

Die Sache war nicht ganz so einfach: Der Vermieter war gleichzeitig involviert in die Vermietung des lauschigen «Coco»-Gärtchens. Und – das machte die Sache nicht einfacher – er war ein alter Dienstkollege von Michel. Ein ehemaliger Fourier, in der gleichen Kompanie wie Michel, aber ein regelmässiges Opfer von Michels militärischer Schlitzohrigkeit. Das «Pic Nic» war Geschichte, die Liegenschaft sollte umgebaut werden, zur Diskussion stand ein Dreijahresvertrag. Der Vermieter stand ebenfalls unter Druck: Er hatte den Auftrag, das Ladengeschoss zumindest kurzfristig so teuer wie möglich zu vermieten, denn das Haus sollte verkauft werden, und der Kaufpreis einer Geschäftsliegenschaft ist direkt abhängig vom Mietertrag.

Weber und Péclard waren sich einig: Das «Pic Nic» war nichts für sie, aber gleichzeitig befürchteten die beiden bei einem Nein negative Folgen für die Zukunft des «Coco»-Gärtchens. «Wir haben als erstes NeinNeinNeinNein gesagt, und er DochDochDochDoch», erinnert sich Florian Weber, aber der Vermieter salbte die beiden ein. Mit Erfolg: Weber und Péclard, die sich so gerne tough und kühl-berechnend-rational geben, redeten das Lokal – contre coeur – rosiger, als es war. Man log sich mit der Idee eines Foodcourt zur Erfolgsperspektive. Tatsächlich gelang den beiden zumindest aus professioneller Perspektive ein Coup. «Kaum ist man in den kleinen Foodcourt eingetreten, werden alle Sinne animiert», schwärmte die Fachpresse. «Folgt man den Gang dem Schaufenster entlang, quält einen die Auswahl zwischen Süssigkeiten von der ‹Patisserie Péclard› im ‹Schober›, Sandwiches und Salaten von der ‹La Sandwicherie de Miami› oder orientalischen Mezze von Fruitmix.»
Am Stand von Swiss Lachs gebe es «äusserst nachhaltigen und schmackhaften» Lachs aus dem Bündnerland, gleich daneben Dim Sum von Wesley's Kitchen, die Schaffhauser

Metzger von LUMA-Delikatessen servierten in ihrer Tatar-Bar ihr feingehacktes Rindfleisch. «Das vielseitige, ans Schlaraffenland erinnernde Speiseangebot wird mit frisch gerollten Sushis vom Förderband des Hotels Chedi aus Andermatt abgerundet», schrieb ein renommierter Foodblog über das jüngste Kind der Pumpi Gastro, für das Quartier um die Bahnhofstrasse sei das «Pic Chic» «eine wahre Bereicherung».

Abgesehen vom eigenen Getränkeangebot fungierte die Pumpi Gastro als reine Verwalterin, eine Rolle, die für Péclard ungewohnt war, die er nicht beherrschte – und die ihm im Falle des «Pic Chic» auch zum Verhängnis wurde. Die Anbieter sahen in der Pumpi ebenfalls nur den Verwalter: «Wenn Michel oder ich den Fuss ins Lokal setzten, dann stürzten sie sich wie Schmeissfliegen auf uns, beschwerten sich, alle motzten, alle wollten etwas von uns.» Bis Michel und Flo nicht mehr hingehen wollten. Sobald sie nicht mehr auftauchten, wurden sie betrogen. «Der Libanese hatte grössere Kreditkartenabrechnungen als ausgewiesene Umsätze.» Mittags und nachmittags war der Foodcourt nicht schlecht besucht, aber den Abend anzukurbeln, gelang nicht. «Die Ecke glich einem Friedhof abends», sagt Flo rückblickend. Wenn sich jemand in die Nähe verirrte, dann war er auf dem Weg zum benachbarten Punkte-Restaurant «Bü's».

Mit über zwei Millionen Verlusten innert gut zwei Jahren sorgte das «Pic Chic» für den kostspieligsten gemeinschaftlich verantworteten Flop und – auch die plumpsten Kalauer müssen manchmal sein – entlarvte die beiden obersten

«Pumpis» als Ober-Pumpen. Aber als lernfähige: Sie würden nie mehr Verwalter werden eines Lokals, in dem andere die Umsätze machen, und nie mehr für ein Lokal verantwortlich sein, das für keinen der beiden Partner eine Destination to be ist.

Auf Bergen, am See und ...

«Alpenblick»

Der «Alpenblick» kam ungeplant und ging ungeplant. Sowohl zeitlich als auch umständlich.

Das Jahr 2015 schien es in sich zu haben: Im Januar wurde die «Milchbar» beim Paradeplatz eröffnet, im April das «Rooftop» an der Bahnhofstrasse, im selben Monat wurde innert vier Stunden die Badi «Beach Thalwil» übernommen. Drei sehr unterschiedliche Lokale, die in die Pumpi Gastro GmbH integriert werden mussten.

Die Infrastruktur, sagt Weber, war damals noch nicht ausgebaut wie heute, es gab kaum erfahrene Mitarbeitende im Backoffice. Aber offenbar war der Ruf besser als das Organigramm, als sich ein Betriebsberater bei Michel Péclard meldete. Ob er Interesse habe am «Goodmans Steakhouse», dem heutigen «Hato» an der Brandschenkestrasse.

Ernsthaftes Interesse hatte man im Büro auf dem Campingplatz nicht, aber aus lauter «Gwunder» sagten die beiden Zahlenmenschen Ja. Einen Blick werfen zu können in die Bücher des Restaurants mit der gerüchteumrankten Eigentümerschaft war verführerisch. Der Mann war offen, zeigte alles, auch Bilanz und Erfolg. Als es um die Ernsthaftigkeit des Interesses ging, winkten die beiden ab: Man habe erst gerade drei Läden eröffnet, die Kapazität sei aufgebraucht, aber der Blick in die Bücher habe sie interessiert. Der Anwalt war nicht verärgert, sondern fragte, ob denn Interesse an etwas anderem bestehe. Ja, sagte Michel, an einer Bergbeiz. Das war schon lange etwas, das der Pumpi fehlte, aber Péclard durchaus interessierte. «Wir waren überzeugt, dass man auch Bergbeizen mit einem anderen Angebot als matschigen Pommes mit Bratwurst füllen konnte. Und trotzdem für Sportler mit kleinem Portemonnaie erschwinglich sein konnte.»

Er sei soeben mit dem Mandat für den Verkauf des «Alpenblick» in Arosa betraut worden, sagte der Anwalt. Péclard erstrahlte: Er hatte im Nebenhaus des «Alpenblick» die Winter seiner halben Kindheit verbracht. Er habe, sagte er, im Stall neben dem «Alpenblick» seinen ersten Kiosk geführt. Die Tschuggen Hotel Group AG um Karl-Heinz Kipp hatte soeben die Unterlagen zum «Alpenblick» geschickt. Man habe in Arosa realisiert, dass es schwierig sei, den Sterne-Level der beiden Aroser Hotels «Tschuggen» und «Valsana» in einer Berghütte zu halten. Man wolle die Beiz deshalb anderweitig vergeben. «Es war uns klar», sagt Péclard, «trotz Überstrapazierung unserer Mitarbeiter: Den ‹Alpenblick› müssen wir übernehmen.»

Das schwierige Jahr 2015 mit drei Eröffnungen und dem Projekt in Arosa wurde zu einem Herkules-Jahr. «Wir wollten ein ‹Chez Vroni› in Arosa», umreisst Flo Weber die Pläne. «Mit wirklich guten Speisen.» Das war offensichtlich auch nicht utopisch: Immerhin wurde der «Alpenblick» in zwei aufeinanderfolgenden Jahren zur besten Bergbeiz der Schweiz gewählt.

Aber die Natur spielte nicht mit: 2015/16 war ein brauner Winter, die Saison – im «Alpenblick» punkto Sonne eh schon kurz – wurde noch kürzer.

Zudem wurde offensichtlich: Der Plan, die Leute, die den Sommer in den Lokalen am Zürichsee verbracht hatten, über den Winter nach Arosa zu locken, ging im zweiten Winter nicht mehr auf. Während in der ersten Saison noch Aufbruch und Euphorie und Lust auf Snöben und Après-Ski die Kellnerinnen und Kellner reizte, wurde bald einmal klar: «Family» war für das, was die Mitarbeitenden der Pumpi zusammenhielt, viel mehr als ein Schlagwort. Und genau diese «Family» fehlte im Schanfigg schmerzhaft: keine «Gegenbesuche» an Freitagen oder nach dem Feierabend, kein Netzwerk, keine Flirts. Und in den Bars der Einheimischen waren sie die «Péclard-Girls- und -Boys» eben «Unterländer», das übelste Schimpfwort. Am Ende wollte niemand in die Berge, denn nicht nur der Winter konnte hart sein in Arosa, sondern auch die Köpfe der Einheimischen. Diese meckerten von Anfang an. «Zu wenig lokales Essen, zu teuer», hiess es. Doch ein Blick in die heutige Karte des «Alpenblick», der nun von zwei gebürtigen Aroser betrieben wird, zeigt: Die sind ebenso teuer – aber eben Eingeborene.

Auch der Versuch, die Aroser mit Jacky Donatz – einem Starkoch mit «Stallgeruch» – zu umgarnen, war wenig erfolgreich. Samedan liegt eben nicht im Schanfigg. Jacky hatte nach dem Tod seiner Frau im «Coco» hinter dem Zürcher Paradeplatz begonnen, aber der Erfolg seines Engagements hielt sich in Grenzen. Ein Kalbskottelet mit 500 Gramm zerlassener Butter drauf war im fleischkritischen Zürich nicht gefragt. Im Gegensatz zu Arosa. Sport, Ferien und Kälte: Da essen die Menschen gerne währschaft. Vor allem die vielen vorwiegend älteren Zürcherinnen und Zürcher mit einem Häuschen in Arosa liebten es, sich von «ihrem» Cuoco verwöhnen zu lassen. Für sie war es wie nach Hause kommen. Über die Feiertage war Jacky immer oben, und das funktionierte gut. Aber selbst der Mann mit dem grossen Charisma, einer stupenden Produktekenntnis und dem liebenswertesten Wesen konnte die Zahlen nicht nachhaltig ins Schwarze drehen.

2019 war der Ausflug an die Quelle der Plessur, des Flusses im Schanfigg, Geschichte. Allerdings nur gastronomisch, denn die Erben Kipp und die künftigen Söhne und Enkelinnen der Pumpi werden sich wohl erst vor dem europäischen Gerichtshof in Luxemburg über Wert, Verfügungsgewalt und Transportzeiten von Holzöfen, Tellern, Speisekarten und anderes Inventar des Alpenblicks einigen: Die Unterländer haben einen harten Schädel und einen ausgeprägten – je nach Sympathien – Sinn für Gerechtigkeit oder Rechthaberei. Die andern haben Geld. Sehr viel Geld. Und ihre Wege zur lokalen Justiz sind kurz. Die Aroser kümmert es nicht: Sie geniessen die grossartigen Hacktätschli, Cadufferli genannt, des zurückgekehrten Sohnes Beat.

«Portofino», «Mönchhof» am See, «Hafenbeiz»

«Portofino» und «Mönchhof» – das wissen wohl weder Profis noch Gäste – liegen nicht am Zürichsee, sondern in Entenhausen. Und Marcel Capecchi, der zu jeder Immobilien-Übernahme mindestens drei Anekdoten zu erzählen weiss, und der sich nie entscheiden konnte, ob er ein Immobilien-Tycoon, in dessen Liegenschaften hie und da auch eine Beiz eingemietet ist, oder ein Gastrounternehmer sein wollte, der hie und da die Liegenschaft miterwerben musste, war in Michels Augen ein Dagobert Duck. Als es darum ging, das Kaderpraktikum im Rahmen seiner Ausbildung an der SHL zu absolvieren, wollte Péclard deshalb unbedingt zu Capecchi. «Ich wusste, Capecchi war sehr erfolgreich und ich wusste, er kaufte in Kilchberg unablässig Liegenschaften.» Das wollte er auch, und darum wollte er wissen, wie man als Beizer das viele Geld verdient.

Als Michel eines Tages 1991 im «Mönchhof» eine Bratwurst mit Bürli ass – mit knapp neun Franken Cola inklusive gehörte das Restaurant am Seeufer zu den für SHL-Schüler gerade noch erschwinglichen Verpflegungsstätten – kam ihm der Zufall zu Hilfe. Capecchi setzte sich zu ihm und fragte, ob er nicht jemanden aus der SHL kennen würde, der das Zeug hätte, sein Assistent zu werden. Michel kannte einen, sehr gut sogar: «Ich.» Den Hinweis, er habe ja die Schule noch gar nicht abgeschlossen, schmetterte er ab. «Ich kann das trotzdem.» An der SHL war man zwar nicht begeistert, aber, wenn schon – riet man ihm –, müsse er mindestens 5500 Franken Monatslohn verlangen. Das war unglaublich viel, und Michel wusste nicht so recht, ob man damit Capecchi provozieren wollte. Doch Capecchi sagte okay, und Michel realisierte zu spät, warum: Seine Vorgängerin hatte 8500 bekommen.

Am 15. April begann sein Vertrag. Am 12. April hatte Capecchi Michels Vorgängerin fristlos gefeuert, am 24. April wollten 40 Mitarbeitende ihren Lohn. Es klappte, und Péclard hatte eine unglaublich coole Zeit. Einfacher als damals, als er im «Portofino» und «Mönchhof» vorübergehend kellnerte. «Damals musste ich ja arbeiten!»

25 Jahre später – Anfang 2016 – bekam Michel einen Anruf: Capecchi wolle aufhören. Für Michel eine Art «coming home». Capecchis Sohn arbeitete zwar ebenfalls in der Gastronomie, aber er würde die beiden Betriebe nicht übernehmen wollen.

Also war klar, dass jemand Neues gesucht werden musste, und Michel zögerte nicht, seinem ehemaligen Arbeitgeber ein Angebot für «Portofino» und «Mönchhof» zu machen. Doch Capecchi zierte sich: entweder oder, beschied Capecchi, denn wer eines dieser beiden Restaurants übernehme, müsse auch die MS «Mönchhof» mit übernehmen. «Ich will beide», erwiderte Péclard, dann nehme er eben auch das Partyboot. Capecchi hatte Bedenken wegen des Klumpenrisikos, aber mittlerweile ist er glücklich. Die Pumpi Gastro GmbH ist tatsächlich mit Abstand sein grösster Mieter, denn man habe neben den – je nach Interpretation – zwei oder, mit «Hafenbeiz» und «Mönchhof» am See getrennt, drei Lokalen auch Personalwohnungen und Lager dazu gemietet. «Marcel ist happy, denn er bekommt seine Miete pünktlich am 1. jeden Monats.»

Capecchi, sagt Péclard, sei ein heissblütiger Italiener mit Hang zum Choleriker. Und ein Schlitzohr: Er habe die Pumpi Gastro – sozusagen standesgemäss – über den Tisch gezogen mit dem angeblichen Wert des Inventars. Kein Problem, lacht Flo: «Wir sahen das Potential der beiden Läden, und es war klar: Auf die vielleicht 100 000 Franken, die wir auseinanderlagen, mussten wir verzichten. Wir betrachteten es als eine Art «Handgeld», «Schlüsselgeld». Der Schmerz war verkraftbar: Im Juni 2023 generierte der «Mönchhof» am See in einem Monat so viel Umsatz wie Capecchi einst im ganzen Jahr.

Im «Portofino» war es eher umgekehrt, der Vertrag lief eher zugunsten Pumpi. Capecchi – von den eigenen tiefen Umsatzzahlen ernüchtert – hatte eine Miete angeboten, die nur bescheiden höher angesetzt war als das, was er als Umsatzmiete abliefern musste. Diese war zu einer Zeit festgeschrieben worden, als das Lokal kaum einen Fünftel des heutigen Umsatzes generiert hatte. Konkret: Capecchi musste seinerseits als Baurechtszins dem Besitzer der Liegenschaft den vereinbarten Prozentsatz von 4 Millionen abliefern, nahm selber aber nur den gleichen Prozentsatz seines damaligen Umsatzes von rund einer Dreiviertelmillion ein. Das habe man bei der Vertragsverlängerung korrigiert: «Wir akzeptierten eine deutlich höhere Miete, wenn er im Gegenzug den Vertrag um 10 Jahre verlängerte. So sind beide Seiten zufrieden. Wir haben eine sehr faire Miete. Und Capecchi weiss auf diesem Weg, wie gross der Umsatz ist. Vertrauen ist gut …

«L'O»

Es kann sich durchaus bezahlt machen, wenn man sich von Mitarbeiterinnen und Mitarbeitern in bestem Einvernehmen trennt. Nicht nur für den Seelenfrieden und das Image. Auch fürs Geschäft. Robin Knobel, heute bei Smith & Smith für die Beweinung der Region Zürichsee zuständig, hatte einst das «Coco» Richtung «George» verlassen. Als dessen Geschäftsführer meldete er sich Mitte 2016 bei seinen alten Mitkämpfern: Er habe einen Stammgast, berichtete er, der sei Mitinhaber der Liegenschaft in Horgen, in der sich das Restaurant «L'O» befinde. Man habe Pläne, das «L'O» zu verkaufen. Dieser Stammgast wolle ihm, Knobel, das «L'O» anvertrauen, doch das sei eine Nummer zu gross für ihn. Ob Péclard und Weber Interesse hätten. Man hatte, klar – und tatsächlich meldete sich ein paar Tage später dieser Stammgast. Er hiess Peter Mastelic und war der Schwiegersohn des Gründers und Eigentümers der Gerberei Hüni AG.

2003 erschien Mastelic zusammen mit dem ehemaligen CEO von Planet Hollywood und Konzeptberater von Restaurants, Andy Bopp, im Restaurant «LaSalle» im Züricher Schiffbau. Die Idee: Die Verwandlung der ehemaligen Schiffbau-Halle in eines der glamourösesten Restaurants von Zürich sollte die Blaupause werden für den Umbau des ehemaligen Verwaltungsgebäudes der Gerberei Hüni ins schönste Restaurant am Zürichsee.

Tatsächlich konnte man Peter Kern, den «Gastrovoyeur» und Gestalter des «LaSalle», zusammen mit seiner Crew für das Projekt «L'O» gewinnen, das Restaurant erstrahlte bald in «Kern-mässig» schlichter Eleganz.

2003 gelang es Bopp zusammen mit seinen Partnern, Martin Hudec – heute unter anderem CEO des Social Clubs «Puro» beim Paradeplatz – und dem erfolgreichen Event-Unternehmer Hans-Jürg «Schoscho» Rufener, das «L'O» zu einem In-Place am oberen Zürichsee zu machen.

2015, rund ein Jahr vor einer fälligen Verlängerung des Mietverhältnisses, kam es zum Streit zwischen Bopp und der Hüni AG, und die Vermieterin machte sich auf die Suche nach einer Nachfolge. Péclard und Weber waren nach einem Besuch des «megaschönen» Restaurants begeistert und wollten das «L'O» übernehmen. Allerdings: Im Gegensatz zu «Campingplatz», «Mönchhof» und «Coco» war das «L'O» style- und gästemässig eher chic, eine Komponente, die die beiden «Schober»- und «Pic-Chic»-gebrandmarkten Männer zögern liess. Es war beiden klar, dass das «L'O» eine Perle des Unternehmens werden könnte, gleichzeitig hatte ihr Gastroimperium bereits ein Ausmass angenommen, das sie angreifbar machen konnte. Die beiden schlugen beide Fliegen mit einem Schlag: Sie entschlossen sich, ihre Eleganz-Schlagseite durch einen nachgewiesenermassen erfolgreichen Schöngeist zu stärken und sich – erstmals seit dem Marc-Wyss-Debakel – mit einem Partner zusammenzutun und gleichzeitig den Hegemonialverdacht zu entkräften. Thomas Krebs, der legendäre Gastronom, der lieber Pianist geworden wäre, der einst im «Bürgli» und heute noch immer in der «Seerose» und im «Chez Fritz» Speisekarten schreibt, die eleganter sind als die Speisen, die angeboten werden, und der als einziger Péclard den Titel des «Königs vom Zürisee» streitig machen kann, dieser Krebs ist seit Jahren eher Freund als Konkurrent. Ihn amüsierte die Idee einer Partnerschaft mit der Pumpi für die Übernahme des «L'O» sofort.

Der Einzige, der sich querstellte, war Andy Bopp: Er hatte völlig überrissene Vorstellungen vom Wert von Inventar und Goodwill des «L'O». Den Hinweis auf den auslaufenden Mietvertrag ignorierte er, obschon ihm die drei klarmachten, dass sie in diesem Fall ein Jahr warten würden, und er dann womöglich auf seine Kosten entfernen müsste, was die neuen Eigentümer nicht übernehmen wollten. «Wir übernehmen nämlich gar nichts», beschieden Pumpi und Krebs dem widerborstigen Bopp.

Ein Jahr später folgte die kalte Dusche für Bopp: Zusammen mit Mike Pfister, dem langjährigen Küchenchef verschiedener Péclard-Betriebe, wurde der Laden übernommen. Statt Hundertausenden für Goodwill und Interieur erhielt Bopp ein paar zehntausend Franken für den Weinkeller.

Eine eher lauwarme Dusche aber auch für die neuen Betreiber: Das «Jahr des erodierenden Übernahmepreises» war genutzt worden für die Detailplanung der Aufgabenverteilung unter den drei vorgesehenen Besitzern: Krebs, der geniale Gastgeber, sollte die Front machen; Pfister zeichnete für das verantwortlich, was auf die Teller kam; Pumpi Gastro sollte das Backoffice besorgen. Doch in dieser Planungsphase erodierte auch der Zusammenhalt der ungleichen Partner: Mike schmiss als Erster hin. Die zwar in Freundschaft, aber trotzdem vehement geführten Diskussionen über Ausrichtung, Einrichtung, Investitionen und Speisekarte zehrten derart am durch eine private Scheidung ohnehin ramponierten Nervenkostüm des begnadeten Kochs, dass er seine 25 Prozent an die «Pumpi» verkaufte.

Thomas Krebs, der zweite Partner, war keineswegs genervt über die zahlreichen inhaltlichen und ästhetischen Differenzen mit Péclard. Dafür kannte er die geschmacklichen Verirrungen in der Ausstattung der Lokale seines Gastrofreundes zu gut. Aber es wurde im Lauf der Diskussionen klar, dass Thomas in einer anderen Phase seiner Lebensplanung war. So richtig Biss hatte er keinen mehr, und so richtig investieren war auch nicht mehr sein Ding. Der unterzeichnete Mietvertrag von 20 Jahren plus Option ermöglichte eine Perspektive, die seine nicht mehr war. Thomas war mehr als sechzig, seine Visionen hatte er mit seinen sehr erfolgreichen Lokalen gelebt, jetzt war er eher feuerlos: «Ist doch okay, für mich stimmt es so.» Michel hingegen, gerade mal fünfzig, wollte mit seinem Partner Florian Gas geben, Visionen umsetzen. Nach dem ersten Betriebsjahr sassen die drei zusammen und brüteten über den Zahlen. Es war klar, man musste investieren. Das Lokal war zwar sorgfältig gestaltet worden, aber es war mittlerweile sichtbare siebzehn Jahre alt. Es gab umfangreichen Erneuerungsbedarf. Für Thomas, der kein Geld mehr in neue Projekte einschiessen wollte, sondern im Gegenteil daran dachte, in den nächsten Jahren seine grossen finanziellen, emotionalen und ideellen Investments in seine gut gehenden Betriebe für die Finanzierung seines Ruhestandes liquide zu machen, war das der falsche Weg.

Daraufhin war klar: Krebs oder Péclard. Bei einem Nachtessen, das beide Seiten als vorzüglich punkto Ambiance, Speis und Trank empfanden, sagte Krebs, ihm genüge eigentlich ein Leben mit «Chez Fritz» und «Seerose». Er wolle gar nicht mehr. Eine Trennung ohne jegliche «Rancune»– auch das ist in der ansonsten eher missgünstigen Gastrobranche problemlos möglich. Sogar wenn auf der einen Seite des Tisches der angeblich schlitzohrige Michel Péclard sitzt.

«Schiffstation» Männedorf

Eine Lokal-Übernahme, wie sie eleganter nicht vonstatten gehen kann: Anruf eines Rechtsanwalts, er habe einen Klienten mit einem Gastrobetrieb am See. Der wolle sich zurückziehen. Ob man Interesse habe. Klar, grundsätzlich schon, worum es sich denn handle? Er schickte eine Vertraulichkeitserklärung, als diese umgehend unterschrieben wieder auf seinem Tisch lag, lüftete er den Schleier: «Schiffstation» Männedorf.
Michel und Flo hatten bei ihren privaten Rundfahrten auf dem See schon oft ein Auge auf das Kleinod an der Anlegestelle der Zürichsee-Schiffe geworfen. Eine kleine «Pumpi», eine kleine Goldgrube, denn sonst hatte es in Männedorf keine Gastronomie am See. Ein cooles Häuschen mit einem prächtigen Gärtchen, sogar mit einem Parkplatz und Anlegeplätzen für private Boote. Es war immer offen, auch im Winter: Dann allerdings nur so weit, dass an zwei, drei Tischchen Fondue serviert werden konnte.

Gut und gerne achtzehn Jahre hatte der Inhaber zusammen mit zwei Thai-Mitarbeitern das 80-plätzige, von wunderschönen Platanen beschattete Restaurant geführt, und mit einem originalen Thai-Curry eine stattliche Gästeschar verwöhnt. Beim gemeinsamen Lunch war schnell klar: Der Mann wollte seinen Abgang vergolden. Das Gold-Nugget: Er hatte einen unbefristeten Mietvertrag in der Tasche, «damit war für uns klar: eine Goldgrube», sagt Flo. Die Miete bewegte sich im vierstelligen Bereich, im Jahr, wohlverstanden – Parkplatz inklusive. Für Vertragsübertragungen und Inventar wollte der Inhaber gerade einmal 50 000 Franken, wäre es auf den Markt gekommen, hätte das Lokal wohl ein Vielfaches gekostet.

Alle waren happy. Ausser die Gemeinde Männedorf. Da war man not amused, denn man hatte beim Besitzerwechsel auf eine höhere Miete gehofft. Aber die Pumpi Gastro GmbH hatte nicht den Betrieb, sondern den Mietvertrag übernommen. «Was bei Geschäftsliegenschaften kein Problem ist, solange man die nötige Bonität und einen unbelasteten Leumund hat, und dieselbe Geschäftstätigkeit beibehält», erklärt Weber. Was bei der Pumpi Gastro zweifellos der Fall war.

Beim Versuch, auch bei der Bevölkerung Goodwill zu generieren – immerhin gab es Misstrauen, wenn der rund um den See allgegenwärtige «Mister Fischchnusperli» das sorgfältig betriebene Kleinod übernahm – kam ihnen ein Grossereignis aus der Sportwelt entgegen: Fussballweltmeisterschaft 2018. Ein Public Viewing mit perfekter Bild- und Tontechnik, begeisterte die Besucher. «Wenn die Männedorfer uns als ‹geili Siächä› akzeptierten, dann war auch die Gemeinde happy.» In Meilen musste man 20 Franken Eintritt bezahlen für eine kleinere Leinwand. Hier in Männedorf war alles gratis, kein Konsumationszwang, man durfte sogar das Bier von zu Hause mitbringen!

Die Beiz war vom ersten Tag an voll. «Wir selber sind zu wenig oft dort, aber es ist halt die andere Seite, man muss auf die letzte Fähre», sagt Weber. «Aber der Sonnenuntergang von der ‹Schiffstation› aus ist unbeschreiblich!»

«Badi Richterswil»

Auf der für die Pumpi-Betriebe verkehrstechnisch zwar «richtigen» Seite, aber an der «Pfnüsel-Küste», ist die «Badi Richterswil». Zwar ohne spektakuläre Sonnenuntergänge, aber für Krethi und Plethi, Gross und Klein, Reich und weniger Reich, tagsüber und abends the Place to be, denn weder in Richterswil noch in den benachbarten Gemeinden gibt es sonst ein Lokal mit direktem Seeanstoss. Die Gutbetuchten und ihre Kinder aus dem Kanton Schwyz machen den Katzensprung in die Badi gern und geniessen Essen und vor allem Trinken am Ufer des Zürichsees. «Wir verkaufen in der Badi zu unserer Überraschung die meisten Magnum-Champagner und Magnum-Rosé am See», sagt Weber. «Ferien, Côte d'Azur.»

Die «Badi» war im Gegensatz zu Männedorf öffentlich ausgeschrieben. «Wir haben uns beworben, weil wir die Badi kannten. Wir hatten uns bereits einmal für die Remise hinter der Badi interessiert. Aber die steht unter Denkmalschutz.» Dass eine Badi auf den Markt kommt, weil die Gemeinde dem Betreiber kündigen musste, ist eher selten. In diesem Fall musste die Gemeinde einschreiten, weil der Vorgänger «Day-Raves» organisiert hatte, auch sonntags, wenn nebenan die Familien im See am Baden waren. «Man kannte uns, und man wusste: Bei uns gibt es keine Day-

Raves, keine laute Musik, keine Drogen, nichts dergleichen. Und wir bezahlen unsere Miete pünktlich», sagt Péclard. Und man habe wie meistens im Gegenzug zu einem langen Mietvertrag Geld für anstehende Aus- und Umbauten die Hand genommen. Richterswil sei eine megaangenehme Gemeinde, doppelt Weber nach. Sehr offen, Vertreter der Gemeinde kämen auch zu Besuch, zur Saisoneröffnung, man rede miteinander. «Sie machen ihr Weihnachtsessen in unserem Fondue-Zelt. Die sind wirklich cool.»

... im See: Die Ufenau

Träume können wahr werden. Auf Inseln beispielsweise. Die Ufenau war für Péclard schon immer mehr ein solcher Traum. Viel mehr.

Auf der Landzunge von Hurden, ein Steinwurf von den Inseln Ufenau und Lützelau entfernt, hat Michel seine Teenager-Jahre verbracht. Manchmal umkurvte er die Insel auf dem Segelschiff seiner Mutter, meist aber sass er am Ufer der Halbinsel, allein, die wild bewachsene Insel vor Augen und träumte.

Wenn er in der jüngsten Vergangenheit auf seinem SUP frühmorgens an der Insel vorbei paddelte, träumte er Raben. Genauer: Vom «Haus zu den zwei Raben».

Schon vor der Bewerbung um die Pacht des Restaurants auf der Ufenau war sich Péclard bewusst, dass diesmal alles anders sein würde. Im Gegensatz zu «Fischer's Fritz» war es kein vernachlässigter Campingplatz, den man mit wenig Aufwand neu erschaffen könnte, und es war auch keine Bratwurst-mit-Püürli-Beiz wie der «Mönchhof» am See, die mit ein paar Mistkratzerli zum In-Place aufgemotzt werden konnte.

Im Restaurant auf der Ufenau hatte während 20 Jahren ein beliebtes Pächterpaar mit einfachen, liebevoll servierten Speisen jedes Jahr über 70 000 Ausflügler glücklich gemacht. Die Latte für die Nachfolge lag hoch – für Péclard zusätzlich, denn das Ehepaar Lötscher hatte ausgerechnet mit Péclards «Signature-Dish» Touristen von nah und vom fernen Zürich auf die Insel gelockt. Fischchnusperli-Péclard drohte entzaubert zu werden.

Darüber hinaus sass diesmal der Pumpstation Gastro GmbH als Vermieterin weder ein Hobby-Liegenschaften Besitzer noch eine kommunale Liegenschaftenverwaltung noch ein Immobilien-Beizer, der - wie Capecchi – aus der Branche ausscheiden wollte, gegenüber: Das Kloster Einsiedeln suchte den neuen Beizer mit grosser Sorgfalt und Umsicht und Professionalität aus. Einen Missgriff konnten und wollten sich die Gastroprofis des Klosters nicht leisten.

«Wir Benediktiner haben eine reiche Tradition der Gastfreundschaft. Menschen empfangen heisst auch Menschen bewirten.» Mit diesem Credo bringen die Mönche aus Einsiedeln ihr Verständnis von Gastronomie und Philanthropie auf den Punkt. Tatsächlich ist die Wirtschaft auf der Insel Ufenau der dritte von vier Gastrobetrieben des grössten privaten Landbesitzers der Schweiz.

Sie sind alle nicht primär zum Zwecke der Gewinnmaximierung im Portfolio des Klosters. Vielmehr sind alles Wirtschaften, die als Teil von landwirtschaftlichen Höfen in altehrwürdigen Immobilien entstanden sind. Alle diese gastronomischen Betriebe sind zwischen 40 und 150 Jahre im Besitz des Klosters.

Am längsten im Dienst des Klosters ist ein Betrieb auf der Passhöhe des Etzels, es heisst Gasthaus St. Meinrad. Es liegt am alten Jakobsweg vom Zürichsee nach Einsiedeln, dem wichtigsten Wallfahrtsort der Schweiz. Der zweite Betrieb ist das Restaurant «Leutschenhaus» in Freienbach. Hier am oberen Zürichsee liegen die Rebberge des Klosters Einsiedeln. Der vierte Ausflug in die Welt der Gastronomie ist der kürzeste: Im Abteihof innerhalb der Klostermauern von Einsiedeln entsteht jedes Jahr ein Pop-up-Betrieb mit Erfrischungen, Kaffee, Kuchen und einfache Hauptmahlzeiten.

Der dritte Betrieb ist der anspruchsvollste und glamouröseste: das Haus zu den zwei Raben auf der Insel Ufenau. Ursprünglich als «Insel der Stille» vermarktet, ist dieser Marke heute für die mit gut elf Hektaren grösste Insel der Schweiz aus Sicht des Klosters nicht mehr aktuell. Vielmehr soll die Ufenau ein Ort sein der Kultur – und zwar im weitesten Sinne: Landwirtschaft und Forstwirtschaft sind kulturelle Beschäftigungen, ebenso die Gastwirtschaft. Die Ufenau soll ein Ort der kulturellen Begegnung sein, ein Ort der Besinnlichkeit, der Kontemplation, aber eben auch ein Ort, wo man sich bei Speis und Trank trifft. «Gastfreundschaft», betont denn auch Marc Dosch, Verwaltungsdirektor des Klosters Einsiedeln, «ist seit je ein Kernanliegen des Benediktinerordens.»

Die Ufenau war mit der im 7. Jahrhundert gebauten ersten christlichen Kirche das Zentrum einer Grosspfarrei, die von Altendorf bis Wädenswil und von Feldbach und Hombrechtikon bis Erlenbach reichte. Verwaltungszentrum war Pfäffikon, der Hof des Ufenau-Pfarrers. Mitte des 12. Jahrhunderts liess Einsiedeln die Kirche St. Peter und Paul neu bauen, die Martinskapelle wurde gleichzeitig erneuert.

Bereits 1831 hatte das Kloster Einsiedeln der Pächterfamilie gestattet, im Pächterhaus Gäste zu bewirten. Seit 1987 wachsen auf der Insel auch wieder Reben, aus denen der Ufenau-Wein gekeltert wird. Seit 2012 wird der Wein vom Kloster Einsiedeln selbst angebaut.

Diese Ausführlichkeit bei der Schilderung des Curriculums der Insel hat wenig zu tun mit dem wirtschafts- und sozialhistorischen Hintergrund des Autors. Sie hilft vielmehr, den Pitch von Péclard für die Übernahme des Betriebes auf der Ufenau zu verstehen.

Das Konzept, das die Pumpstation Gastro GmbH ihrer Bewerbung für die Pacht des Restaurants Haus zu den zwei Raben zugrunde legte, ist beeindruckend empathisch und reflektiert die tiefe Auseinandersetzung mit dem historischen Kontext der Insel. Es galt, die Anforderungen des Klosters, die Befindlichkeiten der Ausflügler aus der Umgebung und aus der Stadt zu befriedigen; die Forderung nach Regionalität, Saisonalität und Nachhaltigkeit der angebotenen Speisen und Getränke zu erfüllen; die Animosität des Vereins «Freunde der Ufnau», zu entschärfen, der formal zwar ohne Einfluss ist, aber mit dem Status als wertkonservative «Ur-

Ufnauer», die sich seit Jahrzehnten ohne Entschädigung um die Unversehrtheit der Insel kümmern. Und damit selbstverständlich Geld zu verdienen.

23 Seiten brauchte die Pumpstation, um die Entscheidungsträger rund um Abt Urban davon zu überzeugen, dass sie für sämtliche Stakeholder der Inselwirtschaft die perfekte Wahl sein würde. Unter anderem auch darum, weil das Konzept die expliziten und impliziten Erwartungen der Inselwirtschaft erfüllte oder zumindest reflektierte.

Klar kam es Péclard zugute, dass er sozusagen ein Einheimischer war, dass er als Seebub aufgewachsen war, dass er Regionalität mit all seinen Betrieben seit Jahren lebte; klar spielte er die Karte, dass er mit Adrian Gerny einen Fischer beschäftigte, der seine Lehre bei der Fischerei Hiestand in Freienbach absolviert hatte, und seither seinen Fang primär der Pumpstation GmbH lieferte; und selbstverständlich betonte er, dass er seine Mistkratzer von der Familie Schönholzer aus Wädenswil bezog, und sein Gemüse auf den Feldern von Simon Müller in Steinmaur wuchs. Und logisch verwies er nicht ohne Stolz darauf, dass aus den Zapfhähnen all seiner Betriebe seit bald 20 Jahren ausschliesslich Bier der Rosengarten-Brauerei in Einsiedeln strömte.

Aber das Konzept zeigte auch Verständnis für die Insel unter Naturschutz. Für die Skepsis der Hüter der Ufnau-Traditionen, es zeigte die Möglichkeit, Kräuter und Gemüse auf der Insel anzupflanzen, gemeinsam ein Cuvée der alten und neuen Ufnau-Rebberge zu kreieren, mit der Zürichsee-Schifffahrtsgesellschaft über die Möglichkeit zusätzlicher oder späterer Kurse von und zur Ufenau zu reden, und einen Shuttle für die Menschen aus der Region einzurichten.

Dem Kloster, sagt Verwaltungsdirektor und Assistent des Abtes, Marc Dosch, sei klar gewesen, dass die kulinarische und gastronomische Welt von morgen auch in einem abgeschiedenen Ort wie der Ufenau aus mehr als Fischchnusperli bestehen sollte. Das Kloster stand vor der Herausforderung, mit dem neuen Pächter den Spagat zwischen traditioneller Gästeschar und einer jüngeren, moderneren, aufgeschlosseneren, diverseren, auch gesünderen Zukunft zu wagen. Dieser Schritt in die Zukunft betraf nicht nur die Möblierung und die Menukarte des Gasthauses, sondern das kulturelle Morgen der Insel als eines umfassenden Erlebnis- und Begegnungsortes.

Péclard habe nicht nur mit seiner Erfahrung, seiner ansteckenden Begeisterungsfähigkeit und seiner Offenheit für Neues die übrigen vier Mitbewerbenden problemlos ausgestochen. Er habe – führt Dosch als Beispiel an – mit seinen, vom Züricher Künstler Harald Nägeli entworfenen Weinflaschen, seiner Lust, gemeinsam neue Weine zu assemblieren, und seiner Bereitschaft, sich auch für die übrigen Einrichtungen der Insel Ufenau einzusetzen, gezeigt, dass sein Verständnis von Gastronomie eben in erster Linie Gastfreundschaft bedeutete und nicht an der Tischkante endete. Damit hat er die Entscheider des Klosters überzeugt.

Die in der Schlacht um das «Haus zu den zwei Raben» unterlegene Konkurrenz, die sich nun in der Szene laut und abschätzig darüber beschwert, dass mal wieder der «einfallslose Fischchnusperli» das Rennen gemacht habe, übten wie gewohnt wenig Selbstkritik. «Die Konkurrenten», sagt Dosch, «waren allesamt einiges weniger originell, weniger flexibel – und Einzelne ziemlich überheblich.»

Gerade renommierte Vertreter einer anspruchsvolleren Gastronomie – so ist zwischen den Zeilen von Doschs Erklärung herauszuhören – hätten sich einen Deut um die Bedürfnisse von Gästen und Vermieter, für den Ort, das Flair, die Einzigartigkeit des Ortes interessiert. Sie hätten sich eher als Wohltäter verstanden, als Missionare, die die unkultivierte Landbevölkerung endlich erlösen sollten von den Fischchnusperli und Pommes, um sie zu beglücken mit dem, was die urbane Gastronomie zu bieten hatte. Man verstand sich viel eher als diejenigen, die dem Land endlich Erstklassiges auf den Teller bringen würden. Nur: «Das war erstens nicht gefragt, und zweitens endete ihr Engagement am Tellerrand.» Wohingegen Pumpi eine Art «Rundumpaket» bot. Mit Interesse für eine Bootsverbindung mit Pfäffikon, einen «Lumpensammler» in der Bucht, ein Engagement mit der ZSG für Spätkurse. «Péclard», resümiert Dosch, «hat keinerlei Berührungsängste.» Und er wisse eben: «Der Wurm muss dem Fisch schmecken, nicht dem Angler.»

Könnte es sein, dass der Erfolg Péclards auch auf seiner Fähigkeit basiert, die Bedürfnisse derer zu studieren und auf sie einzugehen, die verwöhnt werden sollen.

«NZZ» – über die Strasse zum Flop

Gerade einmal hundert Schritte liegen zwischen dem ersten und dem bisher letzten Engagement von Péclard, gleichzeitig könnten sie weiter voneinander entfernt gar nicht liegen. Weder was das Konzept, die Idee, den Anspruch und die Partner betrifft – noch beim Blick in die Kasse. Bei Babas «Pumpi» essen Krethi und Plethi, die Ärmel umgeschlagen – die Krawattenknöpfe gelockert – alles, was der Grill hergibt, und trinken ein Bier dazu. Und die Kasse klingelt. In der «NZZ am Bellevue» sitzt kaum jemand – zum Morgenkaffee schon gar nicht. Über Mittag verirrt sich gerade einmal eine Handvoll Gäste im kühlen, stylish amphitheaterartig abgedunkelten Raum bei der Haltestelle «Opernhaus». Dabei sind die japanisch inspirierten Speisen des ehemaligen Küchenchefs des gekrönten Chedi-Hotels in Andermatt ausgezeichnet. Aber die Kasse bleibt leer.

Der «Schober»-Effekt? Kann die Pumpstation Gastro GmbH nur erfolgreich sein an Locations, die entweder in den Ferien-Groove versetzen wie «Fischer's Fritz» und all die Restaurants rund um den See oder die mit ihrem Shabby-Chic Relaxtheit ausstrahlen wie das «Coco»? Wollten Péclard und Weber mit einem grossmäuligen Pitch sich und der Welt beweisen, dass sie auch «vornehm» können?

Die «NZZ», sagt CEO Felix Graf, strebe in grossen Schritten Richtung Digitalisierung. Dadurch werde die Marke «NZZ» immer weniger erlebbar. «Wir brauchten einen analogen Ort, der mit ‹NZZ› in Verbindung gebracht wurde.» Vorbild war der Erfolg des Cafés «NZZ am Flughafen» – zugegebenermassen nicht eben ein optisches Prunkstück, aber laut Graf trotzdem «Top of Mind» bei einer grossen Gruppe von Menschen.

Grafs Idee, ein Restaurant in Eigenregie zu betreiben, wurde von seiner Marketing-Crew umgehend verworfen, stattdessen lud man drei ausgewählte Gastrounternehmen zur Präsentation. Man dachte zuerst an etablierte Unternehmen aus der Nachbarschaft. «Wir wollten mit allen reden, die von einem solch neuen Gastrobetrieb betroffen sein könnten, denn wir wollten möglichst die Kirche im Dorf lassen.» Als in dieser Vorbereitungsphase im Team der Name Péclard erwähnt wurde, fiel beim CEO kein Groschen. «Ich lebe zwar schon länger in Zürich, aber ich kannte Péclard nicht, nicht mal dem Namen nach.» Sein Team befand die Bewerbung von Péclard als spannendste.

Als Graf kurze Zeit später von einer Auslandreise zurückkam, lagen die Verträge für den Deal mit Péclard unterschriftsbereit auf seinem Pult. Péclard wollte Nägel mit Köpfen machen, und so trafen sich die beiden auf Vorschlag von Michel an einem Samstagmorgen zum Kaffee, und ja: «Es funkte sehr schnell.» Michel überzeugte den besonnenen CEO sofort, seine Begeisterungsfähigkeit, die Art, wie er in seinem Betrieb mit den Menschen umgeht, diese Wärme, die Nähe zu Menschen habe ihn sofort für Péclard eigenommen. «Er erinnert mich in seiner Art oft an einen Freund von mir, Christian Jott Jenny. Überall und nirgends, aber stets mit einer grossen Wärme und Zuneigung. Und aber auch die grosse Fähigkeit, Dinge zu Potte zu bringen. Beide hyperaktiv, beide aber ganz klar wissend, dass sie einen kleinen Zirkel von Menschen um sich brauchen, die ihnen helfen. Michel weiss, dass er ohne Flo wohl kaum zustande gebracht hätte, was ihm heute gehört.»

Vor allem schmücke sich Péclard nicht mit fremden Federn, sagt Graf im Bezug auf das gemeinsame Projekt. Er habe diese Idee aus Japan mitgebracht. Dort habe er in einem Lokal Rundum-Wand- Projektionen erlebt und sei sofort Feuer und Flamme gewesen.

Für Felix Graf war Péclard der ideale Partner: «Ich brauchte jemanden, dem ich total vertrauen konnte, nicht nur wirtschaftlich, sondern eben auch, weil wir mit dem wertvollsten spielten, das ein Haus wie wir hat: der Marke. Gleichzeitig musste es jemand sein, der den Nerv – und den Background – hatte, ein Risiko einzugehen. Etwas zu realisieren, dass es bis dato in der Schweiz noch nicht gegeben hatte, und damit die Marke neu zu beleben.»

Es sei wohl auch entscheidend gewesen, dass die beiden sich von Anfang vertraut und miteinander wohlgefühlt hätten. «Michel ist bauernschlau, er denkt über den Tellerrand hinaus», das habe er in Péclards Umgang mit den Restriktionen während der Pandemie hautnah erlebt. Aber, das ist dem promovierten Physiker und McKinsey-Absolventen aufgefallen: «Die Gastroszene ist schon extrem futterneidisch.» Michel sei das ganz offensichtlich schnuppe. Das möge eben auch zu seinem Ruf, überheblich zu sein, beitragen. «Das ist er aber gar nicht. Er sagt einfach, ich probier's.» Der Eindruck der Arroganz entstehe dadurch, dass er nicht lockerlasse, sich von nichts abschrecken lasse, und nicht durch sein Auftreten.

Wirtschaftlich, das gibt Graf sofort zu, läuft es in der «NZZ am Bellevue» nicht wunschgemäss. Beide seien sie nicht zufrieden mit den Zahlen, die das Lokal «NZZ am Bellevue» mache. Doch das rede Michel nicht schön, er suche keine Ausreden. Im Gegenteil: Das ärgere ihn, das nerve ihn, er wolle wissen, weshalb, wo die Ursachen seien, was man verbessern könnte. «Michel hat das Gefühl, es sei noch nicht das richtige Personal, weil er herausgefunden hat, dass sich einige Mitarbeitende nicht richtig wohlfühlen. Das geht er offen an.»

Finanzielle Konsequenzen hat das Nichterreichen der Sollzahlen bis heute nicht. «Wir wollten ursprünglich gleich viel Miete, wie wir von Navyboot bekommen hatten.» Jetzt habe man die Konditionen angepasst: Michel bezahlt die Hälfte der Miete von Navyboot, dafür kann die «NZZ» den Raum für Präsentationen nutzen. «Wir haben die Zeitungen, wir haben Online-Kommunikation, wir haben jetzt noch diesen Raum für Kundenanlässe.» Das sei auch für die Marketingabteilung interessant. Auch für die Partneranlässe und Screenings im Zusammenhang mit dem Zurich Film Festival ZFF sei der Raum ideal.

Péclards Wohlfühl-Spektrum in Sachen Gastrokonzepten ist gross, es reicht vom Utoquai bis an die amerikanische Westküste, vom Holzkohlengrill bis zum fancy EDM-Music-Club in San Francisco. Bis an die Ecke Seefeldstrasse/Falkenstrasse reichte es auf die Dauer offensichtlich nicht: Die «NZZ am Bellevue» erreichte es nicht.

Michel Péclard sei ein beeindruckender Unternehmer, sagt rückblickend der CEO der NZZ, Felix Graf. Aber das bei der NZZ am Bellevue, das sei einfach nicht seine Art der Gastronomie gewesen. «Er ist eben nur dann in Hochform, wenn es um eine Gastronomie geht, für die er vorbehaltlos steht und für die er ein Passion hat. Er hatte eine Idee, die war bestechend, aber schliesslich war die Umsetzung dieser Idee und die Passion für die Idee nicht deckungsgleich.»

Er habe eben ein Konzept mit asiatischer Küche, aber auf andere Art als die etablierten Japaner, Chinesen und Thais, in Zürich realisieren wollen, sagt Péclard. Er habe das Konzept bei einer Japan-Reise gesehen und es habe ihn total fasziniert. Aber das mit der fehlenden Passion stimme schon: Werder er noch sein Partner Weber seien mit dem Lokal schliesslich warm geworden. «Wir sind seit Sommer 22 nie mehr dort gewesen»

Ende Jahr war – nach zahlreichen Gesprächen, Konzeptänderungen und Mietreduktionen – beiden klar, dass es kein Happyend geben würde am Bellevue. Péclard erwirtschaftete einiges über eine halbe Million Verlust im Jahr, zusätzlich war ein massiver Abschreiber – die Rede ist von gegen 3 Mio CHF - auf die ursprünglichen Investments der Pumpi Gastro GmbH fällig.

Die Scheidungsverhandlungen verliefen so friedlich und einvernehmlich, wie die Zusammenarbeit begonnen hatte. «Michel hat alles erdenkliche versucht, was in seiner Macht lag, aber es gab Faktoren, die er nicht beeinflussen konnte und die massgeblich das Geschäft negativ beeinflusst haben.» Dazu gehöre der in Attraktivität und Dimension überschaubare Aussenraum und das sehr dunkle Ambiente im

Lokal. «Deshalb wohl bleiben der Abend- und Nachtbetrieb die einzige lukrativen Betriebszeiten.

Der neue Betreiber, Babu's Bakery, hat sich einen Namen geschaffen als Wiedererweckerin der einst berühmten «Etagere». Graf ist zuversichtlich: «Babu's wird ein Winner werden.»

Fliessende Feststoffe

Den Schneid lässt sich Péclard durch teure Fehl-Engagements nicht abkaufen. Im Gegenteil: Mitten in den Cash-Drain-Monaten bei der NZZ am Bellevue zerstreute sich Michel vor dem TV. Er sah einen Bericht über in 10vor10 über eine Firma, die 100% kompostierbare Güter herstellte. Nicht rezyklierbar, sondern vollständig abbaubar. Statt Kompost zu generieren, bestanden die Baustoffe für ihre Produkte aus Kompost. Michal war beeindruckt, macht eine Aufnahme ab Bildschirm und schickte zwei Kadermitarbeiter zur näheren Abklärung vorbei.

Sie waren angetan und kamen mich Michel nochmals vorbei. «Ob wir Geschirr machen können oder Besteck», fragte Michel den anwesenden Gründer der Firma, Beat Karrer. Ja, sagte dieser, das könnten sie. «Okay. Wann seid Ihr fertig.?» Drei Monate? «Okay. Ruft mich an. Wenn ihr fertig seid, kauf ich das.» Karrer nicht ganz klar, wie er den Mann einordnen sollte. Aber er sagte sich: Schau'n mer mal.

Tatsächlich hatte Karrers Firma, FluidSolids, ein Vierteljahr später die ersten Bestecke fertig. Péclard kam vorbei, setzte sich, packte eine Gabel, zerbrach sie: «Noch nicht ganz stabil genug, aber gefällt mir.» Er drückte auf Gas. Geduld ist nicht offensichtlich seine Stärke. Man ging drei-, viermal miteinander essen. Immer war Flo dabei. Péclard schien stets unkonzentriert, wusste aber trotzdem genau, was er wollte. Bei einem Lunch sagte er unvermittelt: «Ich will 10% der Firma kaufen. Was kostet das?» Karrer nannte den Betrag. «Okay, gut». Ob er denn... «Nein, schon gut. Kannst ja dann mal mit Flo alles besprechen.» So geschah es. Und Flo stieg mit ein. Beide als Privatpersonen. Das war schon erstaunlich unkompliziert – ohne Unterlagen, ohne schöne Präsentationen. Einfach so. Für Michel war schnell klar: Lösen Sie in wirklich wichtiges Problem? Ja. Können sie es? Ja. Kauft jemand das Produkt? Ja. Kauft es jemand ein zweites Mal? Ja. Ist die Pipeline voll? Ja. Ändern sich die Gesetze in nächster Zeit im Sinne, dass die Anforderungen an Nachhaltigkeit Grösser werden und damit die Produkte und das Geschäftsmodell von FluidSolids wichtiger wird? Ja.

Das reichte Péclard. Bei Details sei er schnell gelangweilt, sagt Karrer. Das sei ein ziemlich anderer Approach als bei vielen anderen, «professionellen» Investoren. Die sind zwar begeistert von der ganzen Idee, lassen sich alles zeigen, haben tausend Fragen, lassen sich über künftige und gegenwärtige Deals mit Lieferanten und Kunden updaten. Dann schicken sie ihre Finanz- und Legal-Abteilungen, die rauschen an und hämmern tausend Zahlen, Projektionen, Businessplänen, Exit-Vorstellungen in ihre State-of-the-Art-Laptops. Dann ziehen sie ihre Stirne in Falten und erklären, dass beim Worstcase die Burning Rate bedrohlich hoch sei und ihr Auftraggeber deshalb mehr Aktien für sein Investment benötige.

Das ist alles okay - aber nicht unser Ding. Und ganz offensichtlich auch nicht die Art, wie Péclard seine Investitions-Entscheid fällt. Bei ihm gehe es darum: Wo geht das Business hin, wie lief es bis dato, was waren die Stolpersteine, weshalb sind die jetzt (oder bald) aus dem Weg geräumt. Péclard lässt sich anstecken vom Upside, viele andere Interessenten insistieren auf dem Downside.

Michel interessiert sich für die Menschen, die in den Driver-Seats hocken, ihr Engagement, ihre Einsatzbereitschaft, ihren Enthusiasmus, ihre Werdegänge. Er redet mit denen und fällt seine Entscheide je nachdem, wie sehr er deren Fähigkeiten, deren Engagement, deren Visionen vertraut.

Schneller Entscheid, weitgehend aus dem Bauch heraus. Auch wenn es nicht um Gastronomie geht. Michel Péclard ist auf eine professionelle und seriöse, buchhalterische Art leichtsinnig.

Den ganzen Tag Ferien – mit der schönen Marlin

Ich habe Michel Péclard im Zusammenhang mit der Recherche zu einem Artikel für das «Magazin» über die komplexen wirtschaftlichen Aspekte der Gastronomie kennengelernt. Das war vor acht Jahren. In den folgenden drei, vier Jahren sahen wir uns regelmässig, aber nicht sehr oft.

Das damalige Gespräch mit Péclard war bemerkenswert. Péclard entsprach keine Sekunde dem Bild, das sich ein Journalist machen muss, wenn er im Vorfeld eines Hintergrundgespräches die unzähligen Artikel über «den Querdenker bzw. -Einsteiger», den «kreativen Gastronomen», den «genialen Beizer» gelesen hatte. Péclard entpuppte sich als witziger, gut informierter, engagierter und gelassener Interviewpartner. Die ihm zuerkannte Genialität blieb mir allerdings verborgen (das lag möglicherweise an mir!), «quer» dachte er nur einmal, als die Mistkratzer im Hightech-Backofen seiner Wohnung nicht braun werden wollten und er den Sushi-Kurier bestellte.

Bemerkenswert war aber die Tatsache, dass Péclard als Einziger der damals Interviewten darauf verzichtete, seine Stirn bei der Frage nach den Perspektiven der Gastro-Industrie in Falten zu legen und über die Gäste, die Vorschriften, die Vermieter, die Gastrokritiker, GastroZürich und die ganze Welt zu lamentieren. Anderseits vermied er es genauso, sich über Gastrokolleginnen und -kollegen, denen das Wasser am Hals stand, zu mokieren oder ihnen überheblich Fehler vorzuwerfen. Péclard war sich über die aktuellen und strukturellen Herausforderungen der Gastrobranche mit sehr grossem Detailwissen bewusst. Seine Analyse der anstehenden Probleme war scharfsinnig und voller Verständnis für Kolleginnen und Kollegen, die nicht überleben würden. Es war offensichtlich, dass er nicht zufällig erfolgreich war als Gastrounternehmer – und zwar nicht, weil er gut rechnen kann, sondern weil er ein Unternehmer ist: Er vergisst über den Details nicht den Blick aufs Ganze, er kümmert sich um Details, aber er verliert sich nicht in ihnen. Er hinterfragt ununterbrochen alles – nicht nur die Problemfälle, sondern und vor allem auch die Cashcows.

Michel Péclard hat – klar – widersprüchliche Seiten. Vor allem: Er ist oft nicht der, der er zu sein scheint. Das habe ich in den zahlreichen und intensiven Gesprächen mit ihm mit Exponentinnen und Exponenten seines privaten und seines geschäftlichen Umfelds oft gedacht. Auch, dass der Péclard von vor zehn Jahren wohl nicht mehr der Péclard von heute ist. Er ist nicht unbedingt nachdenklicher geworden, sondern gelassener. Die letzten Jahre, Jahre des Erfolges, hätten Michel verändert, sagt Florian Weber. Er weiss heute, dass er gut ist, er weiss, dass der Erfolg nicht von ungefähr kommt, er weiss, dass er um seiner selbst willen geachtet, manchmal bewundert wird. Und er hat die Gelassenheit des Erfolgsmenschen. Er muss nicht mehr um Zuneigung und Liebe und Aufmerksamkeit buhlen. Er weiss, dass er Grossartiges leistet, und er ist grosszügig jenen Menschen gegenüber, die er wirklich mag.

Ich gehöre zu den Menschen, die er mag. Ja, er war und ist auch mir gegenüber äusserst grosszügig. Verliere ich damit die kritische Distanz zu Péclard? Klar! Gerate ich damit unter den dringenden Verdacht der Käuflichkeit? Sicher! Begleitet mich der Anschein der Befangenheit? Jawohl, dieser Anschein liegt auf der Hand. Für einen Journalisten fatal. In diesem Fall aber problemlos: Ich musste mich in keinem Statement, in keiner Qualifizierung, in keinem Nebensatz verbiegen. Angelehnt an das Robert-Bosch-Credo dieses Buches: Péclard bezahlt mich nicht, damit ich freundlich über ihn schreibe. Ich schreibe freundlich über ihn, weil er mich üppig bezahlt!

Joke!

Der Tenor dieses Buches über Péclard ist positiv, weil ich beeindruckt bin von der Art, sein Unternehmen zu führen, auf seine Mitarbeitenden zu hören, mit seinen Lieferanten umzugehen, mit Medien zu kommunizieren. Ich stehe zu jedem Wort über Péclard. Wenn mein Bild Risse bekommen hätte, wenn ich an der Integrität seiner Persönlichkeit gezweifelt hatte, hätte ich das Projekt beerdigt!

Das war aber nicht nötig: Es ist früher Mittwochnachmittag an einem dieser bleiern heissen Tage des Sommers 2022. Anruf Michel: «Lust auf ein Nachtessen auf der Insel mit dem witzigsten Metzger der Schweiz?» Selbstverständlich. Ich hätte sogar Ja gesagt, wenn ich mit dem Chef von GastroSuisse, Casimir Platzer hätte essen müssen, Hauptsache, es gab etwas zu essen am See. «Halb sechs bei Zaki.» Auf dem Campingplatz grosse Party: Der erste «Microlino» – das schnuckelige Remake des legendären BMW-Isetta» mit der Fronttür – wurde soeben ausgeliefert, eine Traube junger Männer in Péclard-T-Shirts schiebt, zerrt und belagert das Auto.

Ein zügiger Trip auf die Insel und ein witziges Abendessen auf der Ufenau später gleiten wir in die Dämmerung Richtung Zürich, eine grossartige Kulisse der Lichtermeere rund um den See und der fernen Stadt. Michel steht am Steuer, strahlt. Glück pur steht in seinem Gesicht. «Ich bin ein Glückspilz», sagt er unvermittelt. «Ich habe den besten Job der Welt! Ich habe den ganzen Tag Ferien und verdiene dabei auch noch Geld!» Auch, weil er sich auf seinen Lebensversicherer namens Florian Weber verlassen kann, das weiss er. Aber er kann eben sein Glück auch geniessen. Vielleicht ist das eine Teil seines Erfolges.

Der Lebensversicherer

«Wenn Michel in die Medien muss, dann macht er das. Mediale Präsenz hilft seinen Betrieben und kostet nichts. Seine Person ist ihm schnuppe. Es ist aber auch nicht so, dass es ihm unangenehm ist, er geniert sich nicht, in den Medien zu kommen, er findet das sogar cool. Aber er sucht es nicht.»

Das sagt Florian «Flo» Weber, Michels engster Vertrauter, sein Alter Ego und gleichberechtigter Partner der Pumpi Gastro GmbH.

Weber ist nicht nur ein Glücksfall für Péclard, er ist auch die Lebensversicherung für die Unternehmungen des umtriebigen Gründers der Pumpi.

Unter einem glücklichen Stern schien die Beziehung der beiden ursprünglich allerdings nicht zu stehen: Péclard wollte den jungen Weber, kaum hatte dieser in der «Pumpi» seinen «Sommerjob» angetreten, wieder entlassen. Weber hatte auf dem Heimweg von der Arbeit einen Motorradunfall. Versicherungsfall in der Probezeit, dafür habe die Pumpi kein Geld, beschied Péclard. Aber Florian hatte Fürsprecher in der Firma, die sich von Péclard nicht beirren liessen.

Zur Pumpi war Flo eher per Zufall gekommen. Er hatte das letzte Jahr an der Schweizerischen Hotelfachschule Luzern (SHL) in der gleichen Klasse wie Anahita besucht. Allerdings ohne zu wissen, dass Anahita die Schwester war von Michel Péclards Frau Mandana.

Der gebürtige Basler hatte sein Praktikum in einem Betrieb der SV-Group in Dübendorf absolviert und wohnte – zusammen mit seiner damaligen Freundin und heutigen Gattin Sonja – ausserhalb von Zürich, in Kindhausen.

Sein Plan war es, nach Ende der SHL zusammen mit Sonja auf eine grosse Reise zu gehen. Ziel: Patagonien. Die Reisekasse füllen wollte er mit einem Sommerjob im Service. Sein bester Kollege Marco Meier war Assistent von Péclards Lieblingsfeind an der SHL, Servicelehrer Christian Bauer. Bauer piesackte Péclard mit Vorliebe wegen dessen notorischer Ahnungslosigkeit, was Weine betraf. Dank seiner Farbenblindheit konnte er nicht mal weisse von roten Weinen unterscheiden, sein nur rudimentär besser ausgebildeter Geschmacksinn konnte den Makel nicht ausgleichen. Heute ist Bauer beratend für die Weinkarte von Michel zuständig.

Kollege Marco – selber als Kellner im «Coco» sein Taschengeld aufbessernd – riet seinem Schulkollegen nachdrücklich, sein Glück in der «Pumpi» zu versuchen. Viel Arbeit, viel Kohle. Das passte in Webers Pläne: Einen Sommer lang in der «Pumpi» vier Monate durcharbeiten, dann vier Monate reisen. Im Jahr drauf, 2011, sollte dann ernsthaft und konkret die Karriereplanung starten. Mit dem Fokus: Fünfsterne-Hotellerie, Spezialität Neueröffnungen.

Als Flo auf einer Zugfahrt nach der Schule Anahita von seinen Plänen erzählte, gab sie ihm umgehend die Telefonnummer von Caspar Grob, dem damalige Geschäftsführer der Pumpi. Mit Abschluss SHL als Kellner in der «Pumpi» arbeiten, sagte sie, klappe todsicher. Tatsächlich, Caspar fragte ohne Besprechung, ohne Probeschaffen, ohne Referenzen: «Wann willst du anfangen?»

Kurze Zeit später kreuzten sich nach der Abschlussfeier in Luzern die Wege des SHL-Buchhaltungslehrers und des frischgebackenen Gastronomen. «Hey, coole Abschlussrede», lobte Péclard, «wenn du mal einen Job brauchst ...» «Ich arbeite bereits für dich», entgegnete Weber, «als Kellner in der ‹Pumpi›.» Péclard, konsterniert, wusste offensichtlich von nichts. «Aha, gut. Dann sehen wir uns ja.» Der Anfang einer wunderbaren Freundschaft. Und einer kongenialen Partnerschaft.

Flo hatte die Zeit nach seinem Motorradunfall mit Schlüsselbeinfraktur genutzt, um über seine Zukunft nachzudenken, und kam zum Schluss: Die Hotelkarriere war nicht zwangsläufig der einzige Weg. Und vor allem: Aufgeschoben ist nicht aufgehoben. Nichts sprach gegen einen «Umweg» über die expandierende Restaurantgruppe von Péclard. Die Pumpi bestand damals aus sechs Betrieben: Caspar war verantwortlich für «Pumpi» und «Kiosk», Sebastian «Wolo» Woloschanowsky für «Schober» und «Café Felix», Marco Però für «Coco» und «Fischer's Fritz». Caspars Job – das war bekannt – wurde frei: zwei Betriebe, vierzig Angestellte, guter Lohn, für ein Jahr oder zwei. Warum eigentlich nicht?

«Warum um Himmels willen», mag sich der frischgebackene GF «Pumpi»/«Kiosk» bald einmal ernüchtert gefragt haben, denn die Jahre 2011 und 2012 entsprachen so gar nicht dem, was Weber versprochen worden war. Keine Neueröffnungen weit und breit, Frontdienst bei der «Pumpi», erneuter Umbau zwecks Befreiung des «Kiosks» von den Baumängeln, Aufgleisen der Zusammenarbeit mit Irma Dütsch. Dazu musste er seinen Platz finden in einem Unternehmen, dessen Chef – je nach Sichtweise – seinem Kader Luft zur Entfaltung gab oder eben die Zügel schleifen liess. Für den ehrgeizigen und klar strukturierten Mann wie Weber keine einfache Aufgabe: «Ich hatte damals keinen besonders guten Draht zu Michel. Ich war kaum dabei bei den Festen und Sausen und Partys. Darum haben am Anfang die Leute auch gesagt, ich würde nicht richtig in diesen Laden passen. Ich galt als zu seriös.»

Vom «privaten» Péclard wusste er nur eins: Der Frau vom Chef werden alle Wünsche erfüllt. Immer. Die Lektion Nummer eins beim Stellenantritt in der «Pumpi» hiess: «In der ‹Pumpi› gibt es zwar keinen Latte macchiato, aber wenn Mandana Péclard einen Latte macchiato will, dann gibt es auch in der ‹Pumpi› Latte macchiato.»

Doch das Problem mit Mandana – das sollte sich überraschend schnell zeigen – war nicht unbedingt die Latte beim Kaffee. «Flo», stürmte ein völlig aufgebrachter Baba eines Abends herein, als Florian in der «Pumpi» beim Abrechnen war, «Michel hat Mandana mit einem anderen erwischt. Zwischen Michel und Mandana ist es aus.»

Eine halbe Stunde später tauchte Michel in der «Pumpi» auf – wie ein geschlagener Hund. Ein wenig seltsam für Florian, der Péclard lediglich als Lehrer und «on the Job», aber privat kaum kannte. «Alles okay?» «Nein. Überhaupt nicht.» «Kann ich irgendwie helfen?»

Er konnte: Michel schüttete sein Herz aus. Nicht obschon, sondern weil Flo und er damals noch nicht sehr vertraut waren. Er wollte jemandem erzählen, der ihn nicht gut kannte. Einfach einmal «abladen». Flo war zwar irritiert, aber irgendwie auch geschmeichelt und gerührt. Er hörte zu und sagte nicht viel. «Brauchte ich auch nicht, er wollte einfach erzählen.» Irgendwann musste Flo weiterarbeiten, und er machte sich auf den Weg zum «Kiosk». Doch die Sache beschäftigte ihn: Péclard, der Chef, war rund um die Uhr für seine Crew erreichbar; wenn er es war, der jemanden brauchte, war er allein auf dieser Welt. Das war nicht fair. Flo schrieb ein SMS, nicht sehr originell: «Wenn du jemanden brauchst, der zuhört, melde dich.»

Tatsächlich meldete Michel sich – schon am drauffolgenden Tag. Ob Flo Lust habe auf ein verlängertes Wochenende im Hotel «Cap-Ferrat» in Südfrankreich. Ihm würde die Decke auf den Kopf fallen. Er könne – typisch für Michel das Angenehme mit dem Nützlichen verbindend – bei dieser Gelegenheit Flo zwei, drei Locations zeigen, die ihn für seine Beizen inspiriert hätten. Flo hatte Michel von Anfang an gesagt, er würde zwei Jahre «Pumpi» machen, dann müsste er neue Locations anschleppen. «Ich wollte Neueröffnungen machen. Ich wollte nicht so enden wie Caspar. Und ja, ich wollte sehr wohl wissen, wie er seine Konzepte aufbaute, wie er die Inspiration umsetzen wollte.» Webers Freundin Sonja war sofort einverstanden, mit Baba war alles schnell klar: Er würde zu allem Ja, sagen, wenn er damit Michel etwas Gutes tun konnte.

Es waren vier spannende Tage: «Wir sassen in einem der schönsten Hotels Europas, Rooftop-Suite, 50-qm-Terrasse, ich fühlte mich wie ein König. Und Michel zeigt mir all die Beizen, die ihn immer inspiriert hatten.» Michel erzählte. Die beiden hatten eine gute Zeit. Flo schlief wie ein Murmeltier, wenn Michel nachts herumtigerte. «Und wenn er zu lange gejammert hatte, schickte ich ihn einen Kilometer schwimmen. Dann duschen, essen, eine Flasche Rosé trinken, und schon sah die Welt wieder rosiger aus. Irgendwann muss man auch aus dem Loch herauskommen, und Sport hilft immer.»

Zurück in Zürich und zurück im Business-Alltag monierte Michel, er habe seit dem Abgang von Marco Però keinen Stellvertreter mehr. Für Weber keine niederschmetternden News: Er zog Büroarbeit der Front eh vor, und so holte Michel Florian ins Büro auf dem Campingplatz.
Das war gut so – weniger gut war, dass dieser nach einer kurzen Einarbeitung vom ersten Tag an mutterseelenallein im Büro sass.

Michel war faktisch sechs Monate unerreichbar, «auf der Flucht», am Jammern, Trinken, im Selbstmitleid badend. «Ich sass im Büro neben ‹Fischer's Fritz›, allein, bis 14 Uhr, dann ging ich in die ‹Pumpi› an die Front. Michel war nirgends.»

Gelangweilt und lustlos durch die Akten stöbern, realisierte Flo eines Tages, dass in der «Pumpi» im vergangenen Jahr keine anständigen AHV-Abrechnungen gemacht worden waren. War vergessen worden. Er meldete sich bei der SVA, liess die Hosen hinunter und sagte, was Sache war. Der Mann von Gastro-Sozial war mega. «Kein Problem», sagte er, «schicken Sie mir die Listen der Löhne und Mitarbeiter, ich mache das für Sie.» Seither ist Weber ein absoluter Fan von Gastro-Sozial. «Ein halber Staatsangestellter, hilfsbereit, halst sich ohne Not ziemlich viel Arbeit auf, ohne Vorwürfe und Massregelungen. Chapeau!» Die Pumpstation Gastro GmbH hatte ein supergutes Geschäftsjahr, und dank Gastro-Sozial waren die Bücher à jour, alles stand zum Besten.

Nach einem halben Jahr Versacken des Chefs und Aufräumen des Assistenten kam die unvermeidliche Aussprache: «Alles in bester Ordnung, alles läuft, alles ist à jour, die Umsätze sind hervorragend. Wunderbar. Alles läuft, aber es geht nicht mehr voran. Stagnation. Wir bleiben an Ort», bilanzierte Flo. «Aber es wäre nicht schlecht, wenn du mal wieder zurück in die Firma kämst, nicht schlecht für die Firma, vor allem nicht schlecht für dich», hielt Weber seinem Chef eine Standpredigt.

«Michel macht, was er will ...»

Péclard nölte, er hab keine Energie mehr, er habe zu viel gearbeitet, Kids und Mandana vernachlässigt. Er müsse eben eine neue Balance finden. Mini-Burnout.

Weber hatte seine Empathie für einmal zu Hause gelassen. Michel habe ihn ins Büro geholt, ihm den Speck durch den Mund gezogen, von Expansion und Neueröffnungen gefaselt. Jetzt, nachdem er ihn angefixt habe, sollte tote Hose angesagt sein. Weber war genervt.

Michel realisierte, dass es ein einschneidender Moment war, dass es ums Ganze ging. Für beide. Michel reagierte, wie Michel funktioniert: Er ging in die Offensive und bot dem jungen Florian an, ihn ab sofort an allen neuen Beizen hälftig zu beteiligen. Die alten sechs Betriebe würden zu 100 Prozent in Michels Besitz bleiben. Fortan würde Michel das Geld für neue Projekte einschiessen, vom Gewinn sollte zuerst das ganz Investment von Michel zu 100 Prozent zurückgeführt, dann würden die Gewinne geteilt. Ein für beide genialer Deal: Für Flo lebenskostentechnisch, für Michel bedeutete er Freiheit vom täglichen Business.

«... und ich mache den Rest»

Bis 2018 existierte diese Vereinbarung lediglich mündlich, per Handschlag besiegelt. Vor drei Jahren wurde sie in Verträge gegossen. Anlass: Dariush, der ältere Sohn von Michel wurde 18, und damit mussten Erbschafts-Geschichten geklärt werden. Sollte Michel etwas zustossen, würden ohne Vertrag sämtliche Betriebe an die Söhne gehen, und weil diese damals noch minderjährig waren, würde überall Mandana, die Bevollmächtigte der Söhne, das Sagen haben. Eine heikle Situation. Anderseits hatte auch Weber gerade geheiratet, deshalb musste auch von seiner Seite einiges geregelt werden.

Ähnlich informell und durchaus rudimentär wurde damals auch die Arbeitsteilung zwischen Michel und Flo festgelegt. Eine Regelung, die für viele Aussenstehende seit je ein Rätsel ist, für die Beteiligten aber unmissverständlich und bis heute gültig: «Michel macht, was er will – und ich mache den Rest.»

Es habe Menschen in seinem Umfeld gegeben, die ihn für naiv gehalten hätten. Man wisse doch, sagten sie, dass Michel immer ein Auge drauf habe, dass am Ende des Tages alles zu seinen Gunsten laufen würde. «Ich wusste: stimmt nicht. Michel ist ein grundfairer Mensch – sofern man mit ihm auch fair ist. Mir war klar: Wenn ich ihm nicht traue, kann ich gleich gehen. Diese Zusammenarbeit konnte nur funktionieren bei gegenseitigem umfassendem Vertrauen.» Und dieses Vertrauen ist unerschüttert geblieben, bis heute.

Sicher, es gab immer auch Fights zwischen den beiden, massive Meinungsverschiedenheiten, es flogen Fetzen, und es flossen Tränen, aber es ging nie an die Substanz der Zusammenarbeit. Die war immer klar und unhinterfragt. «Ich hatte keine Sekunde das Gefühl, unser Verhältnis, unser gegenseitiges Vertrauen würden erschüttert. Ich konnte mich immer und zu jeder Zeit 100 Prozent auf Michel verlassen.»

Daran ändert auch die Tatsache nichts, dass es Michel in Sachen Verantwortlichkeit punkto Wahrheit nicht immer allzu genau nimmt. In Bezug auf den Umgang mit Mitarbeitenden sei man immer einer Meinung, grinst Flo. Genauer: Michel sei immer einer Meinung: «Die guten Kader hat er eingestellt, die schlechten ich.» Es kann auch vorkommen, dass Michel jemanden schmeissen will, Flo aber dagegen hält. Michel insistiert, fängt zehn Mal damit an, Flo bremst, will eine zweite Chance geben. Schliesslich bleibt der Mitarbeiter, und Michel scheut sich keine Sekunde, gegenüber dem Kader zu behaupten: «Flo wollte ihn schmeissen, aber gottseidank habe ich mich für ihn eingesetzt.» Alle wissen, dass das nicht der Wahrheit entspricht, er selber auch, und er weiss auch, dass es alle andern auch wissen, aber das stört ihn nicht. «Mich auch nicht», sagt Flo.

Bei Michel und ihm sei klar: Jeder wisse, was er könne und was der andere besser könne. «Dafür brauche ich keinen Titel auf der Visitenkarte.» Seine Kollegen würden ihn immer wieder darauf hinweisen, dass ohne Titel die Leute ja gar nicht wüssten, was seine Rolle und seine Kompetenzen seien. «Wer das wissen muss, weiss es.»

Er könne gut vor Leuten stehen, aber es liege ihm nichts daran. Im Gegensatz zu Michel, der nicht ungern in den Medien sei. «Wir beide wissen: Wenn er statt mir den Kopf hinhält, haben wir mehr Klicks. Und das bringt Kohle, und davon profitieren wir beide.» Er müsse nicht an jeder Hundsverlochete auftauchen. Denn wenn er komme, seien die Leute enttäuscht. «Ich kann im ‹Fischer's Fritz› am Sonntagnachmittag problemlos ein Bier trinken. Ich habe meine Ruhe, denn niemand kennt mein Gesicht. Wenn Michel dasitzt, kommt er kaum dazu, einen Bissen zu essen. Alle wollen mit ihm reden!»

Diese Unterschiedlichkeit sei eben Teil des Erfolges ihrer Zusammenarbeit. Mit seinem Vorgänger Però habe das auch deshalb nicht funktioniert, weil Marco auch im Rampenlicht stehen, aus Michels Schatten habe treten wollen. Aber eben: Michels Schatten ist ziemlich gross.

ADS

Für viele seiner Konkurrenten ist der Schatten sogar unverdient gross. «Leute, die ihn sonst nicht kennen und ihn nur beurteilen aufgrund seiner Medienpräsenz, finden ihn eingebildet, überheblich, meinetwegen eitel», sagt Florian. «Viele Menschen sind der Ansicht, Michel sei ein arroganter, narzisstischer Mensch.»

Die Tatsache, dass Michel oft im Gespräch den Faden verliere, plötzlich keine Antworten mehr gebe, abwesend wirke oder sich sogar abwende, verstärke diesen Eindruck der Überheblichkeit, des Desinteresses an seinem Gegenüber. Das sei nun so verständlich wie falsch.

Das Stichwort heisst ADS (Aufmerksamkeits-Defizit-Syndrom, nicht zu verwechseln mit ADHS, denn Michel ist zwar ein Energiebündel, Hyperaktivität im Sinne von hektischer schussliger Atemlosigkeit ist bei Michel aber nicht auszumachen). Charakteristisch für ADS ist unaufmerksames und unkontrolliertes Verhalten, die Aufmerksamkeitsspanne ist oft sehr kurz. Michel ist schnell abgelenkt. Er sei oft auch völlig unkonzentriert auf seine Gesprächspartner. Das betreffe auch ihn, sagt Flo. «Er telefoniert mit Raffi (sein Innendeko-Verantwortlicher), hängt auf und sagt zu mir, du, Raffi, kannst du mir schnell ...» «Ich heisse immer noch Flo» sei ein Einwand, den Michel überhaupt nicht verstehe.

Das sei eben einer der Gründe für den Arroganz-Verdacht: Er kenne plötzlich den Namen seines Gegenübers nicht mehr. Und zwar immer dann, wenn er sich von der Welt für ein paar Minuten verabschiedet habe. Das werde als Desinteresse an der Person interpretiert. «Hallo, der nimmt sich ja nicht einmal die Mühe, sich meinen Namen zu merken.» Zudem – auch das typisch ADS: Wenn es ihm zu viel wird, dann beginnen bei ihm tendenziell Automatismen zu übernehmen. Das könne dann manchmal naiv und ja, fast kindlich wirken, aber so funktioniere er oft.»

Er sei oft in einer anderen, seiner Welt. Er beobachte dann völlig versunken, was um ihn herum passiere, sehe, was ein junger Besucher gern habe, weil die Augen beim Biss in die Zuckerwatte leuchteten. «Er ist ein sehr guter und nachdenklicher und genauer Beobachter. Völlig in seiner Welt.»

Michel ist ein Mensch, der ständig alles hinterfragt. Beispiel «Milchbar»: Die läuft sehr gut, viel besser, als das je zu erwarten gewesen war.

Aber Michel ruht sich nicht auf diesem Erfolg aus. Er hinterfragt den Erfolg, er hinterfragt, weshalb sie erfolgreich sind, wo sie erfolgreich sind, was sie verbessern müssen, um erfolgreich zu bleiben.

Im Fall «Milchbar»: Die Menschen kommen nicht nur wegen des Kaffees, sie kommen auch wegen der Gebäcke. Also wird das Angebot an Gebäcken und Broten grösser und vor allem: spezieller, besser. Kein Problem, schliesslich werden alle Brote für die «Milchbar» selber gebacken. Was man gewohnt sein mag von Sterne-Restaurants wie «Lampart's», wo Gattin Anni seit je jeden Morgen eine ganze Anzahl wunderbarere, spezieller, einzigartiger, ofenfrischer Brote auf den Tisch zaubert. Aber da geht der «Convenience»-Péclard hin und macht ebenso gute Brote – oder versucht es jedenfalls. Das wird von vielen seiner Konkurrenten gar nicht wahrgenommen, von wenigen honoriert, aber von seinen Stammgästen selbstverständlich geliebt.

Michel ist etwas, was man in der Gastronomie nur selten sieht:

Erfolglose Gastronomen versuchen verzweifelt, die Fehler zu finden, und noch verzweifelter, diese zu eliminieren. Und meist ist es dann zu spät, weil der Ruf bereits beschädigt ist oder aber das Geld fehlt, die Durststrecke zu überstehen, bis das Neue greift.

Erfolgreiche Gastrounternehmer ändern nichts, gar nichts. Denn sie funktionieren fast panisch nach dem Motto: Never change a winning Team – oder eben a winning Concept. Das machen sie so lange, bis sie merken, dass ihr Konzept aus der Zeit gefallen ist. Oder noch ein bisschen länger. Und dann sind sie zu spät.

Kaum anzunehmende, dass Péclard das Lampedusa's Roman «Il Gattopardo» gelesen hat und Tancredis Motto «Wenn wir wollen, dass alles so bleibt, wie es ist, muss alles sich ändern,» kennt. Aber Michel Péclard handelt danach: Er ist wohl einer der ganz seltenen Gastronomen, der auch erfolgreiche Angebote und Konzepte und Läden permanent auf den Prüfstand stellt. Alles ist stets «on the block». Und er hat keine Probleme damit, auch (noch immer) erfolgreiche Konzepte über Bord zu werfen, weil er ihre Zeit als abgelaufen einschätzt.

Nach der erwähnten fundamentalen Erkenntnis, dass man Kohle macht man mit Quantität, nicht mit Erlesenheit der Speisekarte, war dies der möglicherweise ein zweiter Baustein für seinen Erfolg.

Eine «herausragende Persönlichkeit der Gastronomie»? Nach 250 000 Buchstaben (inklusive Leerstellen) über den privaten und den beruflichen Michel Péclard muss man sich fragen: Viel Lärm um nichts?

Die kritischen Geister unter seinen Konkurrenten haben eben doch recht: Da macht sich einer grösser, als er ist. Und Michel Péclard scheint dem, nachdem er die erste Hälfte dieses Textes gelesen hat, zuzustimmen «Die einen gönnen sich einen Porsche Cayenne, andere eine teure Freundin. Ich leiste mir ein Buch über mich!»

Ein zwar ehrliches Statement, seine Leistungen als Gastronom werden dadurch aber weder verbessert noch erklärt.

Erfolgreiche Restaurants zeichnen sich aus durch originelle, sorgfältig abgestimmte Speisekarten. Bei ihm gibt es wirklich nur Mistkratzer und Fischknusperli. Aber die Restaurants sind immer voll.

Erfolgreiche Gastronomen sind begabte Köche und Gastgeber. Er kann nicht kochen, und Gäste empfängt er auch nie.

Aber er ist ausserordentlich erfolgreich.

Seine Kellnerinnen und Kellner machen ihren Job freundlich, aber ohne besondere Skills - manche können kaum richtig in einer der hiesigen Amtssprache die Speisekarte erläutern. Von der Weinkarte ganz zu schweigen.

Er selber ist in seinen Lokalen höchstens als Gast präsent, regelmässig mit zu lautem Mundwerk und launigen Sprüchen. Als beflissener Gastgeber taugt er definitiv nicht.

Der Aufbau erfolgreicher Gastrounternehmen erfordert eine ausgeklügelte Strategie des sorgfältigen Abwägens bei der Übernahme oder der Eröffnung neuer Gastrobetriebe. Er expandiert opportunistisch nach dem Grundsatz von Trial and Error. Und sein Netz erfolgreicher Betriebe wächst unaufhörlich.

Wenn er sich ab und an in der Branche ausserhalb seines Fischchnusperli-Imperiums verlauten lässt, dann ist er undiplomatisch, direkt und beleidigend gegenüber den Sesselklebern von GastroZürich, gegenüber GastroSuisse, die ihre Köche angeblich am Markt vorbei ausbildet, gegenüber Architekten, die in seinen Augen statt den Anforderungen einer Beiz ihren Platz im Hochparterre im Auge haben. Freunde macht man sich damit nicht.

Doch was genau macht aus einem Beizer eine herausragende Persönlichkeit der Gastronomie, eine Persönlichkeit, die die Gastronomie nachhaltig beeinflusst, verändert?

Ein unrepräsentativer Exkurs – ohne Anspruch auf Vollständigkeiten und adäquate Würdigung.
Ueli Prager – Möven- statt Körnlipicker

Ueli Pragers Innovationen stehen in dialektischem Verhältnis zu den weltweiten Veränderungen der Bedingungen am Arbeitsplatz: kurze Mittagpause, warmes Essen über Mittag, gutes Arbeitsessen auch tagsüber mit anspruchsvollen Geschäftspartnern, gute Weine im Offenausschank, sorgfältiges Essen auch für Einzelpersonen an der Bar und – vor allem dafür bleibt er in Erinnerung – exotische Speisen wie der legendäre Riz Casimir, Crevetten-Cocktails oder die bis heute beliebten «Cindy-Burger».

Nicht nur auf, sondern auch neben dem Teller blieb in den «Mövenpick»-Restaurants kein Stein auf dem andern: Anstelle des weissen Tischtuches lagen papierene Sets mit Werbebotschaften auf den Tischen. An einem zentralen Buffet verwöhnten sich die Gäste selber mit ihren Lieblings-Salaten. Im Angebot waren für den kleinen Hunger alle Speisen als Tellerservice statt des starren Vorspeise-Hauptspeise-Dessert-Rituals. Wein und Champagner wurden per Glas angeboten, und – ganz revolutionär – kalte und warme Speisen wurden durchgehend nachmittags und abends bis 23 Uhr serviert.

Der Pick, der der Legende nach Ueli Prager beim Bürkliplatz angesichts hungriger Möwen zum Label «Mövenpick» inspiriert haben soll, stand stellvertretend für den Bürolisten- und Bankerpick.

Prager war eine der kreativsten Gastro-Unternehmerpersönlichkeiten der Schweizer Nachkriegszeit. Ausser der Regelung der eigenen Nachfolge ist ihm fast alles geglückt.

Ausdruck der dramatischen Veränderungen der Arbeitswelt ist auch die Geschichte der Familie Bindella. Doch im Gegensatz zu Pragers Antwort auf die «Amerikanisierung» des Arbeitsalltags der hiesigen Mittelschicht war der Erfolg der «Cucina Italiana» eng verwoben mit der Geschichte der italienischen Immigration und der damit verbundenen soziografischen Entwicklung im letzten Jahrhundert.

Der Startschuss zum Bindella-Imperium, wie wir es heute kennen, war 1965 die Eröffnung der ersten «Santa-Lucia»-Holzofen-Pizzeria im Zürcher Kreis 5. Der rasante Ausbau der Pizzeria-Kette zeugt vom unternehmerischen Geschick des Grossvaters von Rudi jr., ist aber auch Ausdruck der grassierenden Xenophobie, der die italienische Bevölkerung ausgesetzt war und die in den beschämenden «Überfremdungsinitiativen» der späten sechziger und siebziger Jahre ihren damaligen Höhepunkt fanden. «Wir riefen Arbeitskräfte», titelte 1965 Max Frisch, «und es kamen Menschen», Menschen, die ausgegrenzt wurden und in kaum zumutbar kargen Unterkünften hausten. Durch den Bau einer ganzen Gruppe von Restaurants, in denen sich Italiener (und später auch Italienerinnen) «wie zu Hause» fühlten, blieben die Immigranten unter sich. Und wurden vor den Anfeindungen der einheimischen Bevölkerung geschützt.

Mit der späteren Einwanderung von Menschen aus Portugal, Sri Lanka, der Türkei und den Balkanstaaten wurden die Immigranten aus Italien als Objekte der anhaltenden Fremdenfeindlichkeit quasi ersetzt: Secondos und Secondas und später die dritte Generation waren bereits als Mitglieder der Gesellschaft akzeptiert, «italienisch essen» wurde nicht nur gesellschaftsfähig, sondern angesagt. Mit «Cantina Antinori», «Conti» und dem «Ornellaia» folgte die Bindella-Gruppe konsequent auch dieser Entwicklung, indem sie die adäquaten, schicken Restaurants anbot.

Papa Outback

Warum soll «exotisches» Essen ausschliesslich für Italienerinnen und Italiener angeboten werden, mag sich Papa Fredy Wiesner gefragt haben, als er im Stadelhofen 1997 sein erstes, exotisches Lokal eröffnete: die «Outback Lodge».

Im Gegensatz zu Bindella hat Wiesner nicht die Nachfrage von Immigranten nach «heimischer» Gastronomie befriedigt. Er hat umgekehrt das Fernweh der Zürcherinnen und Zürcher kulinarisch bedient, indem er von seinen Reisen nach Asien und Ozeanien Speisen und Konzepte nach Zürich gebracht hat. Heute gehören fünf «Ethno-Food-Brands» zur Family Wiesner Gastronomie (FWG): das asiatische «Nooch – Asian Kitchen», die «Negishi – Sushi Bar», das Burger-Restaurant «The Butcher», «Frida's Coffee & Cake» und seit Neustem das «Miss Miu» mit koreanischen Spezialitäten.

Authentisch zu essen, sagt der Mann mit dem markanten Backenbart leicht idealisierend, habe einen hohen Stellenwert. Wiesners Söhne Manuel und Daniel, die heute die 34 Betriebe mit 900 Mitarbeitenden führen, sehen das nüchterner. «Bei uns im ‹Nooch› beispielsweise isst man sicher nicht authentisch.» Was in Thailand in den Ferien ausgezeichnet schmecke, sei, wenn man wieder zurück in der Schweiz sei, zu speziell. «Wir haben einen europäischen Geschmack, also brauchen wir eine Mischung.» Die authentische Küche sei immer ein Nischenplayer. «Wir machen Systemgastronomie, da kannst du nicht etwas komplett Ausgefallenes machen, und es schmeckt dann in jedem ‹Nooch› anders.»

Obschon beide – FWG und Péclards Pumpi – sich auf Reisen um die Welt von exotischen Gastro-Konzepten inspirieren lassen, ist deren unternehmensphilosophische Umsetzung grundverschieden. Während bei der Pumpi intuitiv exotische Konzepte von Bühnenbildnern auf Züricher Verhältnisse und von den Küchenchefs auf Züricher Geschmackssinne transponiert werden, wird bei FWG genau untersucht, wie solche Konzepte umgesetzt und adaptiert werden sollen – bis hin zu Tischanordnung, Farbkonzept, Bedienungskonzept, Food-Präsentation, Beleuchtung und Uniformen der Kellnerinnen und Kellner. Sogar die Erkenntnisse von Feng-Shui werden bei der Planung der Gasträume verarbeitet. Und wenn ein Konzept nicht auf Anhieb die erwarteten Umsätze generiere, werde an den Stellschrauben gedreht, bis es klappe. Das ist auch deswegen wichtig, weil die Konzepte der FWG auf Skalierbarkeit ausgerichtet sind. Die Gruppe, sagt Daniel Wiesner, muss wachsen, damit das Unternehmen floriert. Ziel: Jedes Jahr sollen drei Lokale eröffnet werden.

Nacht der Wintersonnenwende

«Yalda», die Nacht vor der Wintersonnenwende und Vorabend der ersten vierzig Tage des Winters: An diesem Abend trafen sich seit persischen Zeiten die Menschen im Hause der Familienältesten, assen und tranken im Schein eines Feuers und feierten die Geburt des Sonnengottes Mithra.

Eine Nuance weniger symbolträchtig geht es in den Filialen der «Yalda»-Gastrokette zu und her, aber mit ihrem Angebot persischer Speisen und Getränke haben die beiden Gründer und Besitzer von «Two Spice», Daniel Kehl und Marc Saxer, einmal mehr ihren Ruf als innovative und mutige Gastronomen zementiert. Ein Ruf, den sich die beiden ungleichen Partner mit ihren asiatischen Restaurant-Ketten «Yooji's», «nooba» und «Rice Up!» in den letzten drei Jahrzehnten erworben haben.

Allerdings: Die Quasi-Sträucher der «Zwei Gewürze» standen weder im Nahen noch im Fernen Osten, sondern in Quartieren der Stadt Zürich. Der Betriebsökonom und der Koch gehörten zu einer kleinen Gruppe von – damals – jungen Wilden, die statt Exotik oder Exzentrik Verblüffung auf die Teller der Quartierbeizen zauberten. Anfang der neunziger Jahre kam es – parallel zum Aufkommen von Speisen wie Sushi/Sashimi oder Ramen aus Japan, Ente oder «Sweet & Sour»- Gerichte aus China, Nasigoreng aus Indonesien, Blini aus Russland oder Szegediner Gulasch aus Ungarn – zu einem Kreativitäts-Schub in der Quartierbeizen-Kultur. In «Beat Caduff's Wine Loft», im «Gasometer» von Eric Blass und Livia Heussler, im «Zentraleck», im «Café Boy» von Christian Egger, in der «Blauen Ente», in der «Idaburg≤« von Claudine Brunner und Walter Schmid, in Fredi Müllers «Chreis 6», im «Bürgli» und in der «Seerose» von Thomas Krebs – überall da, wo jahrzehntelang, zwar mit Sorgfalt, aber völlig uninspiriert, Stocki aus dem Beutel mit einem fixfertig bei Prodega eingekauften Fleischvogel und Bischofszeller Erbsen und Rüebli aus der Büchse auf der Karte gestanden hatten, wurden nun Lammracks an Milaneser Pesto, Bärenflusskrebse oder Pulpo-Papaya-Salat serviert – auf einem Tisch mit weissem Tischtuch, Stoffserviette, ausgesuchtem Supertoskaner im Kristallglas statt einem Tschumpeli Kalterer und San Pellegrino statt Aqui. Sie alle bewiesen, dass sehr gutes Essen weder rare Lokation noch Gault-Millau-Punkte noch exotische Lebensmittel brauchte: Kreativität, Mut, Gastfreundschaft und handwerkliches Können füllte die Gaststuben in allen Quartieren.

Mehr Geschmack als Fleisch

Er erfand keine grundlegend neuen Gerichte, er erfand keine neue gastronomische Welt – aber ihm gelang es, die damals leicht angestaubte vegetarische Ernährung aus der Bircher-Benner-Ecke zu holen und modern, angesagt, hip zu machen, indem er sowohl das Essen als auch dessen Präsentation in jeder Beziehung mit exquisitem Geschmack anbot.

Rolf Hiltl – seit 1993 Besitzer des von seinem Urgrossvater Ambrosius 1897 als ältestes vegetarisches Restaurant gegründeten «Hiltl Vegi» – reagierte als Mitbegründer der «tibits»-Restaurants 1998 auf die zunehmende Skepsis gegenüber tierischen Nahrungsmitteln, einen Trend, den Nenad Mlinarevic mit seiner pflanzenbasierten Küche aufnahm und auf eine neues kulinarisches Niveau hob.

Vom Weissen Haus zu den Kaufleuten

Nicht nur der Zeit voraus, sondern seine Zeit auch nachhaltig prägend war ein sagenumwobener lokale Ikone, die gar nie wirklich Beizer werden wollte. Er hatte bereits – eher ungewollt – als Importeur unkonventioneller Kleider Mitte der siebziger Jahre ein kleines Vermögen gemacht. Bei der Suche nach Locations, in denen unter anderem unter dem Label «Casablanca» die ikonischen Schafwollmäntel, Schalkragen-Pullis und weiten farbenfrohen Hosen verkauft werden sollten, realisierten Fredi Müller und seine Clique, wie zwinglianisch, nüchtern und freudlos die Stadt Zürich war. Auch kulinarisch und vor allem abends, wenn um zwanzig Uhr die Trottoirs hochgeklappt wurden. Bonjour Tristesse! War es Langeweile, war es Neugier, war es Pioniergeist? Wie auch immer: Nach der äusserst erfolgreichen Karriere in der Modebranche entdeckte Fredi Müller mit den damaligen Lifestyle-Trendsettern Pierre Marcri, Peter Berkemer und ihre Jünger die darbende Gastrobranche als neues Spielfeld. 1985 eröffnet er zusammen mit einem mexikanischen Koch namens Richard Vasquez das legendäre «Tres Kilos» im Seefeld. Nach dem Restaurant «California» beim Klusplatz und dem Hotspot «Limmatquai 82» in den Quartieren wagte Müller den Sprung in die Innenstadt. Er übernahm das «Kaufleuten» und machte die ehemalige Mensa der Schülerinnen und Schüler des Kaufmännischen Verbandes, danach seit 1974 ein Stadtrestaurant im «Mövenpick»-Style, zum absoluten Place to be der damals noch überschaubaren Zürcher Partyszene.

Müller selber erklärt seinen damaligen Erfolg mit der soziodemografischen «Grosswetterlage»: «Die von den Achtzigern geprägte Jugend, die Yuppies, eskalierte in den Neunzigern in die totale Dekadenz.» Diese Tatsache, sagt er, habe entscheidend zum Höhenflug des «Kaufleuten» beigetragen.

Rückblickend freue ihn, dass sich Zürich von einer nüchternen in eine lebendige Stadt entwickelt habe. Die Entwicklung der Gastronomie habe einen entscheidenden

Anteil an dieser Öffnung gehabt. Er sei sicher, dass diese Restaurants, die teilweise im Kielwasser der ersten «Wegbereiter-Beizen» wie Pilze aus dem Boden schossen, die ganze Belebung auch der Trottoirs, Boulevardcafés, die Stadt damals völlig verändert hätten. «Vorher war die Stadt wie eine Wohnung, bei deren Planung der Architekt die Küche vergessen hat. Jetzt ist Zürich lebendig, man sitzt zusammen in der Küche, und ‹socialized›. Ich denke, das ist der wichtigste, sichtbare Aspekt meines Wirkens.»

Die «beschissene» Mediterranisierung

Für diese «neue Lebendigkeit» war allerdings noch die kriminelle Energie eines städtischen Beamten nötig.

Er hatte durch seine Machenschaften als langjähriger Leiter der Abteilung Wirtschaftswesen der kantonalen Finanzdirektion tatsächlich für die wohl wirksamste und effizienteste Erschütterung der Beizen- und Barszene in Zürich gesorgt: Raffael Huber hatte zwischen 1982 und 1991 die Erteilung von Alkoholpatenten und die Erlaubnis zur verlängerten Polizeistunde auf originelle Weise mit dem Kauf von Bildern seines Vaters kausal verbunden. Er hatte auf diesem Weg nicht nur anderthalb Millionen Schweizerfranken auf sein Konto umschichten lassen, sondern Gastronomen wie Rudi Bindella, Beat Curti und Fredi Tschanz zuerst in Versuchung, dann in den Besitz zusätzlicher Alkoholpatente und schliesslich vor die Schranken des Züricher Obergerichtes geführt.

Hubers Vorgesetzter, der Zürcher Finanzvorstand Eric Honegger, hatte die Korruptionsaffäre um Huber zum Anlass genommen, die Auflagen für den Betrieb, die Polizeistunden und die Aussenräume von Restaurants in der Stadt Zürich massgeblich zu lockern. Damit gilt Huber heute als unfreiwilliger, aber effizienter Förderer einer diversen, kreativen und lukrativen Gastrobranche in Zürich.

So sei, wie denn auch manche Gastrounternehmer betonten, von der Zürcher Wirteaffäre der entscheidende Anstoss zur Liberalisierung des Gastgewerbegesetzes ausgegangen. «Don Raffi» als «unfreiwilliger Gorbatschow der Zürcher Beizenszene» habe das überholte Gesetz mit seinen kriminellen Machenschaften endgültig diskreditiert. In der Tat sagten am 1. Dezember 1996 im Kanton Zürich 59,4 Prozent der Stimmenden Ja zur Totalrevision des Gesetzes, das 1998 in Kraft trat.

Doch es war nicht nur die Korruptheit kantonaler Beamter, die Innovationen in der Gastrobranche provozierte. Historisch hing die Entwicklung der Gastronomie, des wichtigsten öffentlichen Raums neben Theater, Museum, Kasinos, vielmehr mit Veränderungen der soziografischen Zusammensetzung der städtischen Bevölkerung zusammen. Nach den Eingemeindungen von 1892 hatte sich die Einwohnerzahl Zürichs von knapp 30 000 auf über 120 000 mehr als vervierfacht. Die Industrien und damit die Bautätigkeit und in der Folge die Nachfrage nach «billigen» Arbeitskräften stiegen rasant. Vor allem in den Quartieren nahe den neu geschaffenen Arbeitsorten waren schon in den frühen zehner und zwanziger Jahren Wohnungen gebaut worden. Wohnungen, die für Arbeiterfamilien konzipiert waren, und damit für die zahllosen zugezogenen, meist unverheirateten Arbeitskräfte ein ungeschicktes Layout hatten.

Zur selben Zeit gab es aber auch immer mehr Jobs für junge Frauen, «Fräuleins», die in der Gastronomie, als Tänzerinnen, als Sekretärinnen, im Gesundheits- oder Erziehungswesen arbeiteten. Sie alle wohnten unfreiwillig in einer Art WGs oder zur Untermiete in diesen viel zu kleinen Kammern der Familienwohnungen.

Die Folge: Während die Feierabende und Wochenenden in bürgerlichen Kreisen vorab in den grosszügigen Wohnungen und Villen am Zürichberg, am linken oder rechten See-Ufer im privaten Raum verbracht wurden, lebte der grösste Teil der einkommensschwachen Schichten ihre Feierabende beinahe zwingend im öffentliche Raum.

Mit einschneidenden und nachhaltigen Folgen für die Gastronomie: Einerseits stieg die Nachfrage nach bezahlbarem und nahrhaftem Essen und Trinken, anderseits war das unmittelbare Nebeneinanderleben unverheirateter junger Menschen beider Geschlechter und verschiedener Nationalitäten konfliktgeladen. Das versuchte die Gesellschaft durch eine Art «Gastroghettoisierung» zu entschärfen. Einige der legendären Namen der Gastroszene Zürichs haben diese Entwicklungen erfolgreich bewirtschaftet.

Die Liberalisierung hat das Gesicht der Stadt verändert: Wo es zuvor noch Rayonverbote für Restaurants gegeben hatte, eroberten Boulevard-Cafés den öffentlichen Raum, Fast-Food-Stände machten sich breit, die Gastronomie ging auf die Strasse. Es ereignete sich das, was man gern die «Mediterranisierung Zürichs» nennt.

Neben einer Mediterranisierung erlebte die Züricher Gastronomie in den Nuller und Zehner Jahren des neuen Jahrtausends auch Regionalisierung («local»), Ressourcennutzung («nachhaltig»), Verjahreszeitlichung («saisonal»),

Verganzheitlichung («nose-to-tail»), Vergrünung («pflanzenbasiert») und Orientalisierung («Ramen», «New Point»).

Sehnsüchtige «Verwässerung».

Wenigstens einen Hauch «mediterraner» wurde die Gastronomie in Zürich in den letzten Jahrzehnten auch in «natürlicher» Hinsicht: Unzählige In-Beizen liessen sich am Wasser nieder. Stefano Tamò und sein «Primitivo» beim Letten an der Sihl. Marc Blickensdorfer, der gut vernetzte, Kopf der miteinander GmbH mit seiner «Bar Rimini» am Schanzengraben, die «Barfussbar» der Frauenbadi in der Limmat. Das 1992 von Fred Tschanz übernommene, seit 2019 von der Candrian-Gruppe geführte «Bauschänzli», das legendäre «Quai 61», die nach einer wechselvollen Geschichte unter dem Namen «Samigo» beim ehemaligen Pop-up-König Sami Khouri geankerte Amusement-Location am Hafen Enge. Die von Erik Hämmerli zusammen mit seinen ehemaligen «Razzia»-Partnern als permanentes Provisorium äusserst erfolgreich geführte «Fischerstube», die vom Mann mit der schönsten Speisekarten-Kalligrafie, Thomas Krebs geführte «Seerose» und schliesslich die zahlreichen Beizen des «Seeungeheuers» Péclard stehen für einen Trend, der Anfang der neunziger Jahr begann: Was Fredi Müller mit der Belebung der Trottoirs und Plätze als Ende der Nüchternheit Zürichs konstatierte, fand in unzähligen Locations am Wasser seine Fortsetzung. Ferienfeeling an heimischen Wassern. Und der Trend geht ungebrochen weiter: Rolf Hiltl machte aus dem Badi-«Kiosk» im Mythenquai ein Outdoor-Beizli, die Badi Wollishofen floriert dank lokalem Engagement, der Übernahmekampf der Gastronomie in der Kult-Badi Utoquai und der bevorstehende Fight um die kulinarische Hoheit über die Badi Tiefenbrunnen zeigen: Am Wasser ist auch künftig viel Geld zu verdienen.

Exotik

Spuren in der gastronomischen Landschaft hinterliessen auch die immer diverseren Communities. Zuerst hatten Mitte der siebziger Jahre Portugiesen und Spanier die Italiener abgelöst, immer mehr Zuwanderer kamen aus Deutschland, der Konflikt zwischen Tamilen und Singhalesen führte in den achtziger und neunziger Jahren zur Einwanderung von Tamilen in die Schweiz. Expats der Finanz- und IT-Industrie, die meist nur eine beschränkte Zeit in den Metropolen der Schweiz leben, nahmen ihre Ess- und Trinkkultur mit. In den neunziger Jahren wanderte als Folge des Zerfalls Jugoslawiens Serbinnen, Albanerinnen und Bosnier nach Westeuropa, seit der Jahrtausendwende ist die Einwanderung von Menschen aus der Türkei konstant.

Während die Küche der Staaten des ehemaligen Jugoslawien, Portugals oder Sri Lankas vor allem ihre Diaspora bediente, schaffte es beispielsweise die Küche der Türkei in Zürich zu einigen In-Places für Gäste weit ausserhalb der türkischen Bevölkerung. Elif Oskan – um nur eine eindrückliche Persönlichkeit zu nennen – gehört zu einer neuen türkische Koch-Avantgarde. Ihr «Gül» wurde innert kürzester Zeit zu einer Ikone der türkischen Küche.
Sharing

Nicht durch neuartige Speisen, sondern durch eine bis anhin ungewohnte Art des Essverhaltens revolutionierte Stefano Tamò. Der mutige Einzelgänger, der den «Needlepark» nach dessen Räumung mit seinem «Primitivo» 1998 nicht nur hoffähig, sondern zum In-Place gemacht, und vor 25 Jahren mit seinem ersten «Lily's» die kulinarische Rehabilitation der Langstrasse eingeläutet hat. «Vorspeise – Hauptspeise – Dessert» als Ausdruck hemmungsloser Einfallslosigkeit beklagt nicht nur Michel Péclard als dem heutigen Essbedürfnis nicht mehr angemessen an. Schon Tamò hatte bei seiner Übernahme des «JOSEF» die traditionelle Speisefolge ersetzt durch eine Vielzahl von Speisen in kleinen Portionen, die gleichzeitig auf den Tisch kamen und das nervige Stochern im Teller des Tischnachbarn beendeten. Ja klar, «Sharing» sagen heute alle, «kennen wir». Als Tamò zu «sharen» begann, befand sich die Welt noch im letzten Jahrtausend.

Pfarrhaus

«Mein Ziel als Gastronom ist es, dass Menschen sich treffen, sich kennenlernen. Keine Dating-Plattform kann eine Begegnung in einer Bar ersetzen», sagt Koni Frei. Weder innovative Kochkunst noch ernährungsphilosophisches Sendungsbewusstsein standen im Zentrum von Freis gastronomischer Laufbahn.

Die Turnhalle des Kanzleischulhauses war ein Brennpunkt der Zürcher Bewegung. Koni Frei, Alt-68er und alter Bewegter der 80er-Revolte, hatte gelernt, dass Gespräche bei Essen und Trinken produktiver und zielführender sind als Tränengas und Gummigeschosse. Er unterbreitete stattdessen dem damaligen FDP-Stadtrat Hans Wehrli ein Konzept zur Übernahme und zum Betrieb dieser Turnhalle. Zu seinem Erstaunen und zum Verdruss der «anständigen» Gesellschaft konnte sich der bürgerlich dominerte Stadtrat dazu durchringen, Frei die Verantwortung fürs Kanzlei zu übergeben.

Weil es sich damals so gehörte, absolvierte Frei den Wirtekurs, der Anfang einer Beizer-Karriere wider Willen. Die Zusammenarbeit wurde für Stadt und Frei ein Erfolg, die Verträge für das Kanzlei wurden mehrmals verlängert. Und nach und nach kamen – eher zufällig als geplant – andere Bars, Clubs oder Gastrobeteiligungen dazu, Lokale, in denen nicht nur Drinks und Häppchen verkauft und Partys gefeiert werden. Spätestens mit der Übernahme des Volkshauses kam Frei vor zehn Jahren sozusagen in jener gastgewerblichen Liga an, in der auch Persönlichkeiten wie Candrian oder Bindella spielen. Frei wurde schliesslich von bürgerlicher Seite akzeptiert. Heute ist er neben dem Kanzlei und dem Restaurant «Volkshaus» auch an der «Longstreet Bar» beteiligt. «Ich erhielt von der Polizei den Spitznamen ‹der rote Bindella›», sagt Frei. Das finde er gut, denn «für mich ist Bindella einer der besten Gastronomen in Zürich».

Ohneeinander

Sie machen nicht alles miteinander. Aber ohneeinander geht es eben auch nicht. Einer ist fast bei jeder «...einander»-Familie dabei: Rechtsanwalt Marc Blickenstorfer. Er ist weder Gastronom noch versteht er etwas von Essen, Trinken, Lebensmitteln und vom Gastgebersein schon gar nichts. Höchstens beim Wein kann er mitreden. Oder zumindest mittrinken. Blickenstorfer ist der wahrscheinlich bestvernetzte Player der Gastro-Szene in Zürich (abgesehen vielleicht von seinem Kompagnon Tom Maurer). Eitel ist er nicht, Interesse daran, dass öffentlich ist, welche Restaurants, Bars oder Clubs, ja sogar Weinhandlungen zur Gruppe gehören, hat er keins. Die Frauen und Männer in seinem Dunstkreis sind keine Powerplayer, sondern Ermöglicher. Sie vernetzen nicht, um zu wachsen, sondern sie wachsen, weil sie vernetzt sind und weil diese Netzwerke nicht nur aus Business-Verbindungen geknüpft sind, sondern auch aus Freundschaften.

Ermöglichen, aber selber diskret im Hintergrund bleiben: Das alles hat wenig mit selbstloser Gastroförderung oder Nachwuchs-Support zu tun, sondern ist ein lukratives, zukunftsträchtiges Geschäftsmodell: Die Investments in neue Beteiligungen sind überschaubar, die Gruppe wächst ohne Verdrängungskämpfe, Risiken wie auch Overhead sind auf mehrere Schulter verteilt, profitiert wird nicht nur bei der Lieferkette (beispielsweise beim Wein), sondern auch in der «Konsumkette»: Badis, Bars, Restaurants, Clubs. Und am anderen Tag wieder Badi

Ihre Netzwerke sind stabil, manche wachsen zusammen. Manchmal sind die derart diskret, dass verschiedene «...einander» zusammen statt einer GmbH eine «Société Anonyme» gründen, damit man nicht auf den ersten Blick weiss, wo sie engagiert sind. Wie beispielweise bei einer der eher umstrittenen Beteiligungen: Der «Frauenzimmer AG», der Betreiberin der Gastronomie der Badi Utoquai.

Wer hat, dem wird gegeben

Kultivierte Menschen nennen es «Matthäus-Effekt», wonach Erfolge mehr durch frühere Erfolge und weniger durch gegenwärtige Leistungen entstehen, weil Erfolge starke Aufmerksamkeit erzeugen. Gastronomen reden eher davon, dass der Teufel immer auf den grössten Haufen scheisst. Das zeige sich, darin ist sich die Szene einig, gerade in jüngster Zeit, bei der erwähnten Vergabe der Gastronomien der Badi Utoquai und dem ehemaligen Primitivo im Letten ins Umfeld Blickensdorfer. bei früheren Vergaben wie dem Bauschänzli an Candrian, oder jüngst bei der Neu-Vergabe der Gastronomien der beiden Badis in Küsnacht und Zollikon. Mal wieder an Péclard.

«Es reicht mit der Péclard-Gastronomie am Zürichsee». lauteten die noch freundlicheren Kommentare der emsigen Leserbriefschreibenden. Stimmt, es mag auf den ersten Blick nach «immer die gleichen» aussehen. Aber während bei Betrieben wie dem Utoquai moniert werden kann, weshalb ein sehr gut laufender Betrieb mit glücklicher Kundschaft neu ausgeschrieben werden muss, spielen bei notwendigen Pachtwechseln neben der Einzigartigkeit und

Diversität eben auch die Frage nach der Professionalität und vor allem der Bonität der Gastronomen für Kommunen als Vermieterinnen eine zentrale Rolle. Kaum anzunehmen, dass die Gemeindebehörden der Goldküste nach einer zusätzlichen Ausgabestelle für Fischknusperli gelechzt haben. Aber der Gemeindepräsident von Küsnacht wusste, dass er sich nach Jahren der Beschwerden über das Ess- und Trinkangebot im «Sträme» keinen zweiten Flop als Pächter leisten konnte.

Péclard war vor Jahren bei seinen SUP-Ausflügen rund um den See aufmerksam geworden auf das Bijou Badi in Küsnacht. Immer wieder klopfte er an, immer wurde er vertröstet. Als Anfang 2023 der langjährige Pächter an Rückzug dachte, war Péclard zur Stelle.

Doch bei seiner ersten ernsthaften Seeüberquerung bewies der Pfnüselküsten-Gastronom, dass er hinsichtlich der Kulinarik von seinem Flop im Schober wichtige Erkenntnisse gewonnen hatte und bereit war, neue Wege zu gehen. Die Goldküste, wusste er, schätzten Exquisites und Exklusives auf dem Teller und im Glas. Und sie waren willens, dafür zu bezahlen. Und weil die Menschen am liebsten das auf dem Teller haben, was sie kennen, streifte Péclard durch Küsnacht und kontaktierte die lokalen Läden. und er wurde fündig: Das Fleisch der Burger im «Sträme» kommt von ausschliesslich mit Goldküsten-Gras gefütterten und völlig glücklich geschossenen Kühen vom Hof der «Kalten Hose». Die Eier und Gelati liefert der umtriebige Landwirt vom «Schattgut», die Glacétorten sind von der renommierten Confiserie Honold, Wähen und Quiches bakt der Küsnachter Beck von Burg, die Fische fischt weiterhin Adrian Gerny im Zürichsee, den Wein liefert das lokale Weingut

Diederik. Nicht nur die Jeunesse, sondern die ganze vergoldete Bevölkerung schätzt das neue Angebot: Im Juni 2023 erwirtschaftete die Pumpi Gastro GmbH im «Sträme» mehr Umsatz als der Vorgänger im ganzen Jahr.

Der instinktsichere Opportunist

Jede der Gastro-Persönlichkeiten in dieser unvollständigen, subjektiven Aufzählung leistet in einer für die Branche matchentscheidenden Hinsicht Herausragendes: die Künste des Kochs, die Exotik der Speisen, ihre Präsentation, das Kombinieren scheinbar unvereinbaren Komponenten der Nahrungsmittel, der Glamour des Lokals, die soziale Funktion des Speisesaals, das Design, die Auswirkung des Betriebes auf die Soziostruktur des Quartieres – was auch immer.

Eines ist ihnen allen gemein: Sie haben sich mit Marktanalysen, Standortanalysen, Studien über das soziale Verhalten von Communitys und mit Prognosen von Zukunftsforschern die Businesspläne errechnen lassen, bevor sie sich für oder gegen neue Lokale entschieden haben. Sie haben in zig Runden mit Innenarchitektinnen, Bekleidungsfachleuten, Beleuchtungsprofis das Erscheinungsbild ihres möglichen Lokals besprochen und sich mit Partnern und Investoren Tage und Nächte um die Ohren geschlagen mit Diskussionen über das künftige Ausgehverhalten, Essverhalten, Nachhaltigkeits-Imperativ und ökologische Visionen und Anmassungen angepeilter Gäste. Und wenn ein neuer Betrieb umsatzmässig nicht überzeugte, wurde nach Schwachpunkten gesucht, wurden Alternativen erwogen, und es wurden schliesslich einer oder auch mehrere Relaunches riskiert.

Péclard hält viel von all diesen Abklärungen, Erwägungen und Visionen. Und setzt selber davon nichts um!

Péclard setzt auf gnadenlosen Opportunismus: Er reist jedes Jahr mehrere Monate um die Welt, geniesst das Leben, besucht Restaurants, isst viel und trinkt noch mehr. Wenn ihm ein Lokal besonders gefällt, überlegt er sich, ob die Speisekarte oder das Interieur oder das Konzept wohl auch in Zürich Erfolg haben könnten. Wenn ja, geht er wieder hin, redet mit den Angestellten, den Geschäftsführenden oder den Inhabern über deren Erfahrungen, über Fehler, die sie gemacht haben, darüber, was sie heute ändern würden. Gelungene Lokale hält er auf seinem Handy fest.

Zurück in der Schweiz, erzählt er seinem Partner Flo die kleinsten Details, hört sich Florians Einwände, seine Überlegungen, Sprüche und cleveren Kommentare an, cruised auf dem Zürichsee zwischen seinen Beizen seeauf und -ab. Und denkt nach, erwägt, verwirft, baut Luft- und andere Schlösser. Hie und da legt er seine Gedanken in einem File in den Ordner «future projects» und wendet sich dem Tagesgeschäft zu. Allerdings – wie weiter oben erwähnt – nur dem Teil, der ihm Lust macht. Den Rest besorgt, wie wir wissen, Flo.

Neben Ausflügen über den Zürichsee radelt Michel auch oft und gerne. Manchmal rund um den Zürichsee – gut für seine Fitness und seinen zur Fülle neigenden Rumpf – oder durch die nächtlichen Strassen der Stadt – gut für die Entdeckung verborgener Trouvaillen auf dem Häusermarkt. Ob er sie selber entdeckte, von Bekannten darauf aufmerk-

sam gemacht oder von Dritten kontaktiert wurde: Péclard ist fast im Wochentakt konfrontiert mit potenziellen Gastrolokalen.
Er unterbricht dann jeweils seinen Müssiggang zu Wasser, auf dem Fahrrad oder bei einem Glas unter Platanen, schaut sich die angebotenen Liegenschaften und Lokale an, wirft seine virtuelle Rechenmaschine an, kalkuliert die möglichen Umsätze und setzt sie in ein Verhältnis zu den Mietzinsen; und wenn der Koeffizient sinnvoll erscheint, bringt er die approximativen Umbaukosten in Relation zur Dauer des Mietvertrages, wenn beides passt, schickt er seine Bühnenbauertruppe hin, lässt umbauen und eröffnet sein nächstes Lokal. Ohne Analysen, ohne Prognosen, ohne lange Excellisten, ohne Investorensuche, ohne Bankgespräche, ohne Feng-Shui, ohne massgeschneiderte Konzepte.
Nur mit drei Fragen: Würde ich hierher essen gehen wollen? Von welchem Lokal, das ich irgendwo auf der Welt gesehen haben, lässt sich hier etwas abkupfern? Was sagt Flo dazu?

Tönt gut, ist aber ein Klischee!

Allerdings nicht alles, und da beginnt die Geschichte der Ausnahmeerscheinung Péclard.

Tatsächlich war bereits die Übernahme oder die Umnutzung bis anhin gastronomie-unbefleckter Liegenschaften durch die Pumpstation Gastro GmbH nicht in jedem Fall lehrbuchmässig, wie die Übernahmen von «Tramstation», «Coco» und vor allem vom Campingplatz Seebucht – besser bekannt als «Fischer's Fritz» – zeigen. Tatsächlich ist für Péclard sein Bauchgefühl entscheidend. Das zeigt sich vor allem dann, wenn er und sein Partner Weber ihr bauchgefühltes Unbehagen von ihren zahlenorientierten Zerebra übersteuern lassen. Bei den Verhandlungen über das damalige «Pic Nic» an der Kuttelgasse liessen sie sich überreden – oder mit dem «Coco»-Gärtchen des gleichen Vermieters ködern. Sie fühlten Nein und sagten Ja und bezahlten für zwei unerfreuliche Jahre knapp zwei Millionen Lehrgeld. Und bezichtigen bis heute den jeweils anderen, den Ausschlag für das verhängnisvolle Ja gegeben zu haben.

Beim finanziellen Misserfolg des jüngsten Kindes sind Schuldfrage und Schuldursache klar: Michel liess sich von seiner Eitelkeit verführen: Er, der zweimal sitzengebliebene Aufmerksamkeitsdefizitäre wurde vom CEO der «NZZ» zur Partnerschaft gebeten. Zu viel der Ehre. Sein Investment war denn auch umgekehrt proportional zur Frequenz seiner Besuche im ehemaligen Schuhladen an der Ecke Falkenstrasse/Seefeldstrasse: Trotz seines Engagements und seiner persönlichen Freundschaft mit Felix Graf fühlte er sich nie wohl in der schicken Umgebung.

Hadern gehört definitiv nicht zu Michels Kernkompetenzen. Er nimmt Misserfolge gelassen. Wo man viel Geld verdient, sein Credo, da verliert man halt hie und da wieder. Aber er nimmt als nachhaltige Erkenntnis mit: Nie mehr ein Lokal, bei dem er von Anfang an ein ungutes Gefühl hat.

Und tatsächlich kennt Péclard nach einem längeren Blick in ein Restaurant den möglichen zu erwirtschaftenden Tagesumsatz immer auf einige hundert Franken genau. Und auch seine Priorität bei den Verhandlungen mit der Vermieterschaft heisst: lange Mietdauer, tiefe Miete, im Gegenzug eigene Finanzierung von Investitionen und Umbauten.

Michel genoss im Sommer 2022 zwar die Zeit, wenn er mit dem Boot zur Ufnau «musste», um «zum Rechten zu sehen». Meist waren die «Probleme» bereits gelöst, wenn er auf der Insel ankam, dann ass er einen marinierten Rindshuftspiess, trank ein, zwei Gläschen Rosé und schipperte in die untergehen Sonne wieder gen Campingplatz. Diese Momente kann er geniessen wie kein Zweiter.

Noch wichtiger aber ist: Im Gegensatz zu mir, der ich zwei-, dreimal bei solchen Fund mich wie Gott in Frankreich fühlte, läuft bei Michel der eingebaute Prozessor: Da könnte man ..., dort sollte man ..., warum probieren wir nicht mal ..., aha, warum ist der «Untere Mönchhof» am Anfang des Abends immer besser besetzt als «Fischer's Fritz», dafür aber früher leer? Vielleicht sollten wir ..., ich rede mal mit Flo und Zaki ...

Auskundschaften, rekognoszieren, verhandeln, umbauen, konzipieren – das alles mögen Michel und Flo tatsächlich weniger systematisch, weniger lehrbuchmässig angehen als üblich. Nach den tausend Gesprächen mit und über Péclard bleibt es schwierig, eine Systematik seiner Wahl neuer Lokale zu erkennen oder gar zu beschreiben.

Ein Lokal zu finden oder sein Potential schneller als andere zu erkennen und es schliesslich auch erfolgreich zu lancieren und – noch schwieriger – über Jahre immer erfolgreicher zu bewirtschaften, ist mehr als nur zwei Paar Schuhe.

Und im Gegensatz zum Location-Scouting ist das Führen der Restaurants eine Frage des Befolgens eiserner Regeln, des richtigen Angebots. Dass Péclard in diesem Bereich nicht punkten kann, scheint folgenlos.

Doch was macht der Mann anders, dass er sämtliche Gesetze der sorgfältigen Unternehmensführung ignorieren, sich um die Usanzen einer erfolgreichen Gastronomie foutieren kann und trotzdem innert knapp 25 Jahren zu einem der erfolgreichsten Gastrounternehmer der Deutschschweiz avancierte?

Die kurze Antwort ist einfach: Alles!

Die längere Antwort lautet: Nichts, wirklich gar nichts von dem, was Péclard zum Überflieger der Gastroszene macht, hat mit Ausnahmekönnen, mit «special skills», mit Genialität zu tun. Nichts. Sollte eine künftige Gastronomin, ein künftiger Beizer, eine Investorin dieses Buch lesen, so sei ihnen versichert: Erfolgreich zu sein in der Gastronomie, ist keine Hexerei. Eher eine Frage der Fairness, des Mutes, der Risikobereitschaft und der Fähigkeit, sich selber infrage zu stellen, des Willens, wieder aufzustehen, wenn man nicht nur einmal, sondern schon zweimal auf die Schnauze gefallen ist. Und der Fähigkeit, sich auch von andern infrage stellen zu lassen. Erotisch wie bei Michel muss das Verhältnis zu Zahlen nicht unbedingt sein, aber eine gewisse Liebe zu Begriffen wie Soll und Haben und Ertrag und Aufwand ist sicher nicht schädlich.

Dazu kommt: Michel ist ein Teamplayer, er tauscht sich aus

– zuerst und vor allem mit seinem kongenialen Partner Florian Weber, aber auch mit seiner Crew, die er dank seiner und Flos langjähriger Lehrtätigkeit an der SHL immer wieder mit herausragenden Absolventinnen und Absolventen der Schule ergänzt. Vor grossen Flops bei der Kaderrekrutierung ist er gefeit: Er kennt die Leistungen der Schülerinnen und Schüler, diese haben sich mit den Macken und Stärken ihrer potenziellen Chefs bereits arrangiert.

Daneben trifft sich Péclard regemässig zum Lunch oder ausführlichen Dinner mit seinen Kollegen aus der Gastro-Welt. Diese Gespräche zieht er, der als ADS-Beeinträchtigter bei zu viel Gerede schnell die Übersicht verliert, den grossen Runden in den gängigen Gremien vor.

Am aufschlussreichsten, ehrlichsten und zutreffendsten aber ist – wie meistens – die lange Antwort. Sie fokussiert auf Péclards Umgang mit seinen wichtigsten Lieferanten (nicht alle sind einfach!), seinen Umgang mit den Mitarbeiterinnen und Mitarbeitern (oft alles andere als einfach) und nicht ganz nebensächlich: auf seinen Umgang mit sich selbst (überhaupt nicht einfach!).

Mut – Risikobereitschaft – Fairness

Eine Biografie über ihn zu schreiben zu lassen, sei ihm peinlich, er sei ja kein Bastian Schweinsteiger, sagte Michel Péclard, als das Gespräch einmal auf Martin Suters «Einer von euch» kam – da könnte er geradesogut einen 911er kaufen. Denn erstens sei er nicht wichtig und einmalig genug, dass es sich lohne, ein ganzes Buch lang über ihn zu reden, und zweitens würde das eh niemand kaufen. Da hatte er recht – mit beidem! Deshalb wurde das Projekt vorerst mal auf Eis gelegt.

Allerdings nicht ganz: Florian Weber und er seien im Laufe ihrer Tätigkeit an der Hotelfachschule Luzern (SHL) regelmässig von Studierenden, die sich mit ausgefeilten Businessplänen auf ein mögliches eigenes Unternehmen vorzubereiten versuchten, um Rat gebeten worden, erzählt Péclard. Nur allzu oft hätte sie aber auf dem Weg zur Eröffnung einer eigenen Beiz der Mut, die Zuversicht, die Selbstsicherheit wieder verlassen. Meistens seien ihnen von einem Heer von «Freunden» alle möglichen Stolpersteine vor Augen geführt worden. Stolpersteine, die für Péclard und Weber in den allermeisten Fällen weniger mit ihrer objektiver Grösse zusammenhingen als vielmehr mit dem übergrossen Respekt vor der Aufgabe. Wenn ein Buch über ihn dazu beitragen könne, Jungunternehmerinnen Mut zu machen, auf ihre eigenen Fähigkeiten zu vertrauen, das Risiko zu stolpern in Kauf zu nehmen, dann mache er bei einem Buchprojekt mit.

Allerdings ist es nur bedingt hilfreich betonen, um in der Gastronomie erfolgreich zu sein, brauche es weder ein ausgereiftes noch ein originelles oder ein exotisches Konzept. Deshalb versucht dieses Buch, anhand einer Persönlichkeit der Gastrobranche zu zeigen, weshalb welche Entscheidungen von Erfolg gekrönt sein können und weshalb andere nicht. Michel Péclard steht im Zentrum des Buches, nicht etwa, weil er klüger ist oder weil er mehr siebten Sinn hat für die Entwicklungen der Zukunft als andere. Sondern genau, weil er das Gegenteil davon ist: weil er polarisiert, weil er unbeirrbar, angstlos ist.

Above-the-Line

Above-the-Line und Below-the-Line, die beiden Begriffe beziehen sich in der Marketingindustrie darauf, was oberhalb der Wasserlinie liegt, gut sichtbar ist, respektive das, was unterhalb der Wasseroberfläche geschieht und Otto Normalverbrauchern verborgen bleibt.

In der Filmindustrie sind die beiden Begriffe – leicht vereinfacht, aber sehr anschaulich – erklärbar: Von den Millionen Produktionskosten eines Films sind die Above-the-Line-Kosten auf der Leinwand sichtbar (und für die Beurteilung eines Films für Kinobesucherinnen essenziell), Below-the-Line-Kosten werden von Anwälten, Banken, Versicherungen, Catering-Unternehmen verbrannt.
Auf die Gastronomie übertragen: Above-the-Line kostet das, was dem Gast auf dem Teller serviert wird.

Und nur diese Kosten sind für Michel relevant. Repräsentable Büros, aufwendige Werbung, Designer-Mobiliar, teure Lagen, Gault-Millau-Köchinnen, Sommeliers und Hierarchien hält er für Verschwendung. Gute und gesunde Lebensmittel, gut zubereitet, von aufgestellten Menschen serviert und das alles zu vernünftigen Preisen, das ist alles. Und zwar zu vernünftigen Preisen für alle: für die Gäste, für die Küche, für den Service, für die Lieferanten.

Wie genau pflegt Péclard diese matchentscheidenden Faktoren? Was ist seiner Ansicht nach das «Erfolgsgeheimnis» der Pumpi Gastrobetriebe GmbH? Warum ist der Erfolg für fast jede künftige Gastrounternehmerin zu erreichen? Und warum braucht es dazu nicht viel mehr als Mut, eine Portion Risikobereitschaft und – vor allem: Fairness in jeder Beziehung?

Vor allem in den drei wichtigsten Beziehungen: zu Lieferanten, zu Mitarbeitenden – und zu sich selbst.

Der Fischer: «Was er sagt, ist Gesetz»

Ohne seine täglich Beute hätte es Michel nicht zum durchaus zweifelhaften Ruf als «Fischknusperli-König vom Zürichsee» geschafft. An sehr guten Tagen können es schon mal 350 bis 400 kg Fische sein, die er aus dem See holt, das entspreche rund 200 kg Fischfilets, sagt Adrian Gerny, einer von achtzehn Berufsfischern auf dem Zürichsee. Allerdings, relativiert er lachend, sei er auch schon mit 3 (in Worten «drei») Felchen im Plastiksack vom See zu seiner Verarbeitungs-Stelle gestapft. In den ertragreichsten Monaten zwischen Juni und Oktober verarbeitet Gerny zusammen mit seinem Angestellten und drei, vier freien Fischern regelmässig zwischen 50 und 150 Kilogramm Filets. Der grösste der Fischer auf dem See ist er damit nicht unbedingt, denn die Fang- und Verarbeitungsverhältnisse sind nicht ganz einfach geregelt. Gernys Revier geht von der Linie Camping – Badi Zollikon bis Oberrieden – Herrliberg. Für die Lizenz dieses Reviers bezahlt er – wie seine Berufskollegen – eine fixe Pacht an den Kanton Zürich, und in diesem Bereich legt er sechsmal die Woche abends die Netze aus, sogenannte Stellnetze, die über Nacht stationär bleiben. Nicht immer am selben Ort, denn die Schwärme der Fische variieren von Jahreszeit zu Jahreszeit, von Woche zu Woche, von Tag zu Tag, abhängig von Strömung, Luftdruck, Winden und Wetter in der Nacht.

Der gelernte Fischereifachmann mit deutschem Fachhochschul-Abschluss als Aquakulturtechniker weiss ziemlich alles über Fischzucht, Seefischerei, Gewässerbiologie und Chemie der Gewässer. Und er weiss, wann ein stehendes Gewässer in welchen Tiefen welche Temperaturen hat und wann weshalb in welchen Tiefen beispielsweise erhöhte Plankton-Dichte anzutreffen ist. Dort wirft er seine Netze aus, denn der Fisch geht dorthin, wo es Plankton hat. Im Sommer betrifft das vor allem den Felchen.

Führt die steigende Nachfrage nach Süsswasserfischen wie im Meer zu einer Überfischung des Sees? Nein, sicher nicht. In den Maschen der Netze bleiben nur Fische hängen, deren Grösse erst erreicht ist, wenn sie im Minimum zweimal abgelaicht haben im See. Dadurch wird das Nachhaltigkeitsprinzip geregelt. «So schöpfen wir tendenziell eher den älteren Fischbestand ab. So wird der Stand garantiert.» Aber klar, eine Veränderung der Unterwasserflora als Folge der Erwärmung des Seewassers wegen des Klimawandels und die zeitweisen, partiellen Verschmutzungen des Sees haben auch ihre Auswirkungen auf die Fischpopulationen. Doch das Wasser des Zürichsees sei gegenüber negativen Umwelteinflüssen überdurchschnittlich resilient. Aus einem einfachen Grund: Während in den meisten Schweizer Seen die Wassererneuerungszeit sechs bis sieben Jahre beträgt, werden die vier Milliarden Kubikmeter Zürcher Seewasser (also die Wassermenge von rund sechzehn Millionen Schwimmbecken mit Olympiamassen!) jedes Jahr vollkommen ausgewechselt.

Damit Gerny seinen Lieferverpflichtungen gegenüber Péclard trotz der teilweise enormen Schwankungen seiner Fangquoten nachkommen kann, hat er sich die Fänge von drei Zürcher Berufsfischerkollegen gesichert.

Denn das Geschäft von Gerny ist ein wenig komplizierter als «fischen und die Fische an Péclard verkaufen». Die Planung seines Business ist langfristig und finanziell riskant: Bereits im Spätherbst beginnt Gerny die Fisch-Liefermengen des folgenden Sommers zu planen, und ab Dezember werden die gefangenen und je nach Bedarf zugekauften Fische verarbeitet, die internen und externen Kühlräume mit filetierten Fischen sukzessive gefüllt.

Damit sich diese Vorfinanzierung auszahlt, muss Gerny auch die Absatzseite im Voraus kennen. Macht er sich damit von Péclard abhängig? Würde er überleben, wenn Péclard von einem Tag auf den anderen einen anderen Fischer berücksichtigen würde? Oder die Schnauze voll hätte von seinem «Fischchnusperli-König»-Image und plötzlich nur noch panierte Champignons anbieten würde?

Bei einem plötzlichen Abnahmestop mitten im Sommer käme Gerny vorübergehend durchaus in die Bredouille, aber langfristig hätte er keine Probleme. Michel ist zwar der präferierte Abnehmer, aber Gerny beliefert – sofern der Fang gross genug ist – auch kleinere Dorfbeizen und einen Grossverteiler.

Der Deal mit Michel basiert zwar lediglich auf einem Handshake vor dreizehn Jahren, aber Gerny zweifelt keine Sekunde an Péclards Fairness. Gernys Familie lebte eine Zeitlang in Hurden nahe neben den Péclards, den Bruder von Michel kennt er seit Kindsbeinen. Michel habe ihn, als er in Tiefenbrunnen an der Arbeit gewesen sei, angerufen, und die beiden seien zusammen frühmorgens auf den See gefahren. Michel habe von seinem Campingplatz erzählt, von seinen Plänen für ein Fischrestaurant und von seinem

Wunsch, Fische direkt aus dem See anbieten zu können. Er habe ihn damals eigentlich gar nicht richtig ernst genommen: «Der schnorrte derart viel, ich dachte: Was ist denn das für einer?»

Aber der Spinner meldete sich tatsächlich.

«Ehrlich gesagt habe ich null Schiss, dass sich etwas ändern könnte. Michel hat immer hinter mir gestanden. Wenn du Michel in einer ruhigen Minute erwischst und er sich auf das konzentriert, was Sache ist, dann kannst du dich 100 Prozent auf ihn verlassen: Was er sagt, ist Gesetz. Gilt. Ohne Wenn und Aber.»

Michel sei sehr energiegeladen, umschreibt Gerny seinen Geschäftspartner, eine Augenbraue leicht hochgezogen. Michel könne emotional sein, wird der Fischer wieder ernst, aber da müsse man fairerweise ergänzen: «Auf beide Seiten. Er ist sehr schnell für etwas zu begeistern, aber er kann auch schnell, naja ...»

Aber wenn einer mit dieser Leidenschaft und diesem Elan und diesem Mut einer Firma führe, wie Michel das tue, dann sei auch hie und da ein Ausraster normal. Umgekehrt schaue er aber sehr gut für all seine Leute. «Die haben Benefits, er nimmt sie mit auf Reisen, er ermöglicht ihnen berufliches und persönliches Weiterkommen. Das ist schon legendär. Und einmalig.»

Er ist derart kreativ, er hat derart viele Ideen, da ist er zuweilen leicht abwesend. Und dann halten ihn Aussenstehende für überheblich. Ist er aber nicht. Er kann mitten im Satz aufstehen, schönen Tag wünschen und abhauen. Dann hat er eben eine Idee, der will er möglichst schnell nachgehen. Da ist er voller Ungeduld – auch mit sich selber!

Wenn er seine Läden am Wochenende oder am Abend besucht, dann arbeitet sein Hirn auf Hochtouren, dann studiert er Arbeitsabläufe, schaut sich das Personal an, die Ausstattung, die Arbeitswege, schaut, ob die Gäste happy sind. Ideen werden zu Faden geschlagen, er diskutiert mit Kellnern und Geschäftsführerinnen, er debattiert, was wie wo. Sein Kopf ruht nie! Die Kehrseite: «Michel ist der König des französischen Abgangs. Du kannst mit ihm reden, und in der nächsten Sekunde ist er weg!»

Das macht er übrigens auch mit seinen Lieferanten: Er weiss, dass gute Geschäfte nur Geschäfte sind, mit denen beide Seiten zufrieden sind. Er ist fair, er zahlt gute Preise – aber er lässt sich nicht über den Tisch ziehen, dafür kann er zu gut rechnen. Das habe sich auch nicht geändert, seit er ein «Grosser» sei, meint Gerny. Darin unterscheide er sich von vielen anderen, erfolgreichen Unternehmern, die, kaum dass sie gross genug seien, ihre neue Macht dafür nutzen würden, die ehemaligen Partner, Lieferanten, Mitarbeiter zu drücken. Das mache er nie!

«Michel kennt meine Leistungen und deren Kosten: Er weiss, dass ich ein Kühl-Auto für 100 000 Franken habe, er weiss, was es kostet, wenn ich die Fische dazukaufen muss von Fischern auf anderen Schweizer Seen.» Michel kenne auch den administrativen Aufwand, den es brauche, um die hohen Anforderungen der Lebensmittelkontrolle zu erfüllen: «Wir müssen für jeden Fisch den Nachweis erbringen, da werden DNA-Proben genommen. Wir haben sehr viele Zweifler, sehr viele Neider, die uns nicht glauben, dass kein einziger Fisch aus einer Zucht stammt. Wir haben noch jede Probe bestanden.» Die Sorgfalt helfe auch dem Ruf von Michels Restaurants.

Der Metzger: «Nicht allzu laut über Tierwürde reden»

Konkurrenten gegeneinander ausspielen mag Péclard nicht. Nicht einmal am Anfang einer Partnerschaft. Heinz Künzli, Chef einer der angesagtesten und erfolgreichsten hiesigen Metzgereien, weiss zwar, weshalb er mit den Péclard-Betreiben gern und gute Geschäfte macht. Aber wie es angefangen hat, erinnert er sich nur vage – und wie sich zeigen sollte: nicht ganz akkurat.

Michel habe ihn irgendwann, im letzten Jahrhundert noch, angerufen, nachdem sich der Metzgermeister auf eher unübliche Weise empfohlen selbst empfohlen hatte: Auf dem Weg zu einem Termin im Restaurant «Frascati» im Seefeld sei er zu früh gewesen. Er habe das Auto beim Stadthaus abgestellt und sei dem See entlang unter den Platanen über den Utoquai geschlendert. Dabei sei er an einem Grillstand vorbeigekommen, an dem ein Hüne ein paar schrumpelige Würste bis zur Unkenntlichkeit verkohlt habe auf einem Grill, der sowohl punkto Stabilität als auch hinsichtlich Komfort und Ausstattung Luft nach oben gehabt habe. Auch die Verteilung des Grillgutes habe weder Systematik noch ein Ordnungsprinzip erkennen lassen.

Künzli, Mentor, Besserwisser und Geschäftsmann in Personalunion, plauderte ein wenig mit dem geselligen Baba und nahm sich vor, auf dem Rückweg ein paar ernste Wort mit ihm zu reden. «Wir hatten tatsächlich ein gutes Gespräch (soweit das sein pakistanisches Deutsch erlaubte), und ich bot ihm an, ihm bessere Infrastruktur und bessere Würste zu bringen und ihm ein paar Tipps zu geben. Er fand das gut, und wir kamen so in Kontakt.»

Michels Version der Basis der Zusammenarbeit mit der Metzgerei Künzli ist eine Spur «vorausschauender», besser vermarktbar vor allem. Er habe immer mal wieder einen Künzli-Lieferwagen vor der Kronenhalle gesehen. «Bei uns bekommen Sie die selben Würste wie in der Kronenhalle, aber zu einem Drittel des Preises». Ein Hammer-Argument fürs Marketing, sagte sich Péclard, und war mit dem Metzger am Fusse des Uetlibergs sehr rasch handelseinig.

«Der Anfang ist immer schwer, am Anfang kostet es, Investitionen in Arbeit und Ausrüstung, aber wenn es mal läuft und der Kunde zufrieden ist mit unseren Produkten und Leistungen, dann geht es bei jedem neuen Laden besser.»

Allerdings war es mit den Betrieben der Pumpi nicht immer einfach: «Michel lässt seinen Geschäftsführern über weite Strecken freie Hand. Das ist meisten gut, aber manchmal eben auch nicht. Denn dann macht jeder, was er will.» Gewisse Vorgaben, Eckpunkte und eine Kontrolle sei in seinen Augen sinnvoll. «Aber bei Péclard hatte dann eben hie und da einer seinen eigenen Hausmetzger, den er bevorzugte, oder es gab gar keine professionellen Einkäufer.»

Das habe sich aber mit dem Wachstum geändert, sagt Künzli. Auf beiden Seiten: Sowohl bei ihm als auch bei Michel seien neue Stellen entstanden. Arbeiten, die früher «nebenher» noch erledigt wurden, wurden plötzlich so umfangreich, dass dafür eine ganze Stelle erforderlich wurde. «Qualitätskontrolle, Etablierung und Einhaltung von Standards, Dokumentierung der Herkunft der Tiere, das kostet immens Geld.» Grossverteiler und Grossbetriebe in der Gastronomie wollen um keinen Preis am Dienstagabend im Kassensturz ihre Speisen verteidigen müssen. Die verlangten Standards, da sei die kantonale Lebensmittelkontrolle Pipifax. «Und dann kommen die Kunden und beschweren sich über die Preise eines Stücks Fleisch, aber wenn man sieht, was alles mit diesem Fleisch – zum Wohle und zur Sicherheit des Gastes notabene – passiert, bis es auf dem Teller des Gastes liegt, dann ist der Preis eher zu niedrig.»

«Das Ursprungsprodukt ist selbstverständlich sehr wichtig. Wenn das Fleisch von einem Hof kommt, der hochwertig füttert, dessen Tiere Auslauf haben, der seinen Betrieb nach IP-Swiss-Normen führt, das verteuert das Fleisch für mich im Einkauf schnell einmal um 20 bis 30 Prozent.» Aber wenn man Bilder von Rindern sehe, die im eigenen Dreck stehend ohne ausreichende Nahrung in Lastwagen quer durch Europa zur Schlachtung gefahren würden, dann nehme der Begriff der Regionalität – geboren in der Region, aufgewachsen in der Region, geschlachtet und verarbeitet in der Region – eine plötzlich viel zentralere und bedeutendere Rolle ein für den Gast. «Das ist unsere Chance, aber auch unsere Verantwortung, zu der wir sehr grosse Sorge tragen müssen.» Jemand, der nicht bereit sei, die Preise für hochwertiges Fleisch zu bezahlen, oder der nach Deutschland fahre, um sich mit billigerem Fleisch einzudecken, «der sollte einfach nicht allzu laut über Tierschutz und Tierwürde reden».

Für Michel, sagt Künzli, sei Regionalität und Tiergerechtigkeit Werte, für die er einen Preis zu zahlen bereit sei! Das seien keine leeren Worte in den Pumpi-Betrieben.

Mit Michel haben er eine Beziehung, die ein bisschen mehr sei als nur die Beziehung zwischen Kunde und Lieferant. «Michel ist in der Tat keiner, der Preise bis an die Schmerzgrenze drückt. Wir wissen seit Jahren in etwa, wie viele tausend Würste und wie viele Tonnen Fleisch er kauft. Da hat er klar einen besseren Preis – trotz der zahlreichen Sonderleistungen, die immer wieder verlangt werden.» Transportkosten seien hoch. Aber da sei er bei Michel: «Es müssen am Ende des Tages beide gut leben können; wenn einer über den Tisch gezogen wird, dann endet die Beziehung bald.» Die Preise und die Leistungen seien fair und zuverlässig. Das stimme für beide. Michel sei ein sehr treuer Kunde, man arbeite gut zusammen, weil die Preise für beide stimmten.

«Wenn aus der Pumpstation-Gruppe jemand anruft, dann gibt es kein Nein, fertig! Das weiss meine Crew, und auch wenn sie es nicht immer verstehen, es ist so!»

Michel sei ein sehr risikobereiter Unternehmer, er habe eine gute Nase. Er habe viele Neider und immer wieder Steine in den Weg gelegt bekommen. Davon habe er sich weder aufhalten noch von seinem Kurs abbringen lassen. «Dass er seine Mitarbeiter motivieren kann, zeigt sich auch daran, dass fast alle sehr lange bei ihm bleiben – und oft eine klassische Tellerwäscher-Karriere in seinen Betrieben hinlegen.»

«Das heisst, sie werden geschätzt, und sie werden gefördert.» Was er mache mit seiner internen Kochausbildung, sei cool. «Auch das verbindet uns: Es gibt kaum noch gelernte Metzger. Wir bilden sie deshalb – wie Péclard – in unseren Betrieben selber aus.»

Der Brauer: Dornen im Rosengarten

Von Nibelungentreue ist die Rede, wenn Loyalität die Grenzen des gesunden Menschenverstandes, überschreitet. Eigentlich ist es unvorstellbar, dass der kühle Zahlenmensch Péclard seinem ehemaligen Lehrer in Sachen Berechenbarkeit, nämlich seinem Lehrmeister bei der Gastro-Treuhandfirma KATAG, über alle Verständlichkeit die Treue hält. Vor allem dann, wenn ein Aufkünden der Loyalität eine schlanke Million netto in die Kassen der Pumpi gespült hätte.

«Viele von Michels Restaurants sind als Sommerlokale – oft am See liegend – eher bierlastig», sagt Aloys Gmür, Verwaltungsratspräsident der Bierbrauerei Rosengarten in Einsiedeln. «Die Umsätze waren und sind entsprechend.» Tatsächlich hält Péclard der Nummer elf der hiesigen Brauereien mit einer Jahresproduktion von gut 25 000 Hektolitern seit fast 25 Jahren die Treue. Zum einen, weil das Bier – allen voran das «Maigold» – ein sehr gutes Bier ist. Allerdings kann das der Nicht-Biertrinker Péclard kaum beurteilen. Entscheidender für diese lange und exklusive Zusammenarbeit ist der Beginn des gemeinsamen Weges.

Als Michel ein paar Jahre nach dem Abschluss seiner Lehre mit Janka zusammen die Pumpstation eröffnen wollte, gründete er zwecks Vertrag und Geldsuche eine GmbH. Teilhaber waren anfänglich Michel, Janka, Kurt Imhof, der damalige Direktor der SHL, sowie Stefan Gmür, Michels Lehrmeister bei der KATAG. Michel konnte rund 100 000 Franken auftreiben, Janka, Imhof und Gmür waren mit je rund 10 000 Franken dabei. Für das notwendige Startkapital von 250 000 Franken fehlten also noch rund 100 000 Franken. Michel telefonierte zunehmend verzweifelt sämtliche Finanzinstitute ab und fing überall einen Korb ein. Schliesslich bat er seinen Ex-Chef Gmür um Rat, wie, wo und bei wem er Kohle locker machen könnte. Darauf sandte die Mutter von Stefan Gmür im Namen der Rosengarten-Brauerei unbürokratisch und kommentarlos 100 000 Franken auf das Konto der GmbH. Michel, dankbar, gerührt und beeindruckt von dieser Geste, versprach, fortan und bis in alle Ewigkeit in seiner Pumpi ausschliesslich Bier der Brauerei Rosengarten auszuschenken. Als Teilhaber vertrat Stefan Gmür die Rosengarten-Interessen in der Pumpi GmbH.

Das ging alles sehr gut so. Weil Michel Abhängigkeiten, Bankschulden oder Darlehen Dritter inbegriffen, nicht sonderlich liebt, zahlte er die 100 000 Franken Darlehen, kaum dass es die Zahlen erlaubten, an die Rosengarten AG zurück. Und weil Michel Menschen, die ihm mit eigenem Geld oder Leistungen zu einem unsicheren Zeitpunkt mit Mut und Risiko beistehen, am Gewinn, der auch dank ihrer Hilfe Realität wurde, teilhaben lassen will, überwies er der Stefan Gmür jedes Jahr 10 000 Franken – quasi als hundertprozentige Dividende. Bis zum heutigen Zeitpunkt ist also dank einer sensationellen Dividende ein Mehrfaches des ursprünglichen Darlehens nach Einsiedeln zurückgeflossen.

Ein eigentlicher «Risiko-Kredit» sei das damalige Darlehen nicht gewesen, wiegelt Aloys Gmür ab. Sein Bruder Stefan habe Michel aus der Lehrzeit gekannt und eine Starthilfe gegenüber der jungen Pumpi von Péclard ausdrücklich begrüsst. Einmalig sei ein solcher Kredit tatsächlich geblieben, aber er habe sich im Nachhinein ja als äusserst lukrativ entpuppt. Denn für das Familienunternehmen Gmür mit einem Marktanteil von knapp einem halben Prozent am 3,7-Millionen-Hektoliter-Markt in der Schweiz produzierter Biere ist das eine sehr wichtige Partnerschaft.

Tatsächlich wurde der Pumpi Gastro nach dem 20-Jahre-Jubiläum seitens eines alteingesessenen Schweizer Bierbrauerei-Unternehmens mehr als eine Million geboten, wenn Péclard seinen Liefervertrag auf sie übertragen würde. Michel lehnte ab – nicht nur, weil es gar keinen Vertrag gab – die damalige Abmachung mit Einsiedeln war durch einen einfachen Handschlag besiegelt worden –, sondern weil bei ihm tatsächlich der Begriff Treu und Glauben Gültigkeit hatte.

Daran änderte sich auch nichts, als Péclard im Zuge der umfassenden Beteiligung seines Partners Florian Weber zwecks transparenter und fairer Besitzstruktur die Gesellschaftsanteile von Stefan Gmür zurückkaufen wollte und von Gmür ein barsches «Kommt nicht in Frage» kassierte. Michel war davon ausgegangen, dass ein Aufgeld von eintausend Prozent der ursprünglichen Beteiligung zusätzlich zu den fast 200 000 Franken, die in Form einer informellen Dividende bereits geflossen waren, eher auf der grosszügigen Seite lag.

Gmür – der gelernte Buchhalter – rechnete hingegen kühl vor: 100 000 Franken für 7 Prozent der Firma würden einen Wert der Pumpi Gastro GmbH von ungefähr 1.5 Millionen bedeuten, das sei lächerlich. So gesehen sei das Angebot eine Frechheit! Nun: Von irgendwoher muss Michel seine zahlenmässige Kompetenz ja haben.

Allerdings blieb der in solchen Fällen der empfundenen Ungerechtigkeit zur Emotionalität neigende Péclard kühl: Er unterscheidet weiterhin klar zwischen dem einstigen Teilhaber Stefan Gmür und der Bierlieferantin Rosengarten. Letzterer bleibt er treu. Trotz allem.

Präsent – ohne da zu sein

Michel geht alles ab, was einen Gastronomen erfolgreich macht: Es ist höchstens medioker, was in den meisten seiner Lokale auf die Teller kommt. Er versteht so gut wie nichts von Weinen, er ist kein Gastgeber, denn er ist gar nie vor Ort. Wenn er in einem seiner Lokale isst, dann schleicht er sich in die dunkelste Ecke. Sein Geschmack hat definitiv noch Luft nach oben, in jeder Beziehung, bis hin zu seiner Kleidung, er hat weder Visionen noch eine Strategie, er geht weder punkto Angebot noch punkto Location systematisch vor. Er ist ein zwar gelernter Gastronom, aber ohne gastronomische «Ochsen-Tour», er funktioniert völlig intuitiv und oft opportunistisch – im positiven Sinn, also zweckmässig, pragmatisch, situativ klug.

Mit dieser Charakterisierung ist einer, der Michel Péclard sehr gut kennt und Projekte mit ihm zusammen entwickelt, überhaupt nicht einverstanden. Michel habe einige Talente, die es zwingend brauche, um – nicht nur als Gastronom – erfolgreich zu sein, sagt Thomas Sterchi, Gründer und Hauptaktionär von Tom Talent, einem Unternehmen, das für Kreativität mit Nachhaltigkeit eintritt. Tom Talent ist engagiert in verschiedenen Bereichen der Gastronomie: Sterchi ist Gründer des Akustik-Musikfestivals Zermatt Unplugged, er entwickelt in Portugal eine «Organic Farm»,

Terramay, die sich der Produktion nachhaltiger Nahrungsmittel verschrieben hat. Er besitzt Restaurants, und er ist unter anderem Gründer von «Soil to Soul», einer internationalen Bewegung, die sich dem Erhalt des Bodens, der regenerativen Landwirtschaft und deren Zusammenhang mit einer verantwortungsvollen, gesunden und genussvollen Ernährung widmet. Unnötig, zu betonen, dass Sterchis Leidenschaft für Fairness gegenüber Mensch und Natur den Verdacht eines begünstigenden Statements über einen Mitbewerber und Mitkämpfer ausschliesst.

«Michel hat tatsächlich nicht viel mit dem zu tun, was du und ich als Gastronomie kennen», sagt Sterchi. Es stimme, dass Michel nicht allzu viel von Küche, Kochen und Weinen verstehe. Das unterscheide ihn aber kaum von seinen Gästen, auch da verstehe selbst im urbanen Umfeld kaum jemand wirklich etwas von guten Weinen und exquisiten Speisen.

«Ich behaupte, es ist sogar ein Vorteil, wenn man als Gastronom nichts versteht von Essen und Kochen und Weinen und Trinken. Es ist ein Vorteil, wenn man die eigenen Vorstellungen und Vorlieben gar nicht einzubringen und zu verwirklichen sucht.» Michel habe stattdessen einen Einfallsreichtum und eine Kreativität, die in Verbindung mit seinem Flair für Zahlen und Buchhaltung selten seien. «Michel ist eine interessante Kombination dieser Eigenschaften, die aussergewöhnlich ist, die nicht oft in ein und derselben Person vorkommt und ihn auch erfolgreich macht.»

Doch Péclard weiss sehr genau, dass die Gastronomie keine Einzelsportart ist. Er war von allem Anfang an in der Lage, ein Team von Mitarbeitenden aufzubauen, das ihn ideal ergänzt und unterstützt. Péclard habe in dieser Hinsicht ein sehr gutes Konzept: «Er führt bis zu einem gewissen Grad ‹familiär›, es gelingt ihm, die Kreativität seiner Crew abzuholen und aufzunehmen, aber trotzdem klar zu entscheiden, ohne die Crew zu demotivieren. Das ist nicht einfach.» Kreative Hilfe geben für Mitarbeitende, wenn sie noch jung und suchend und herumwurstelnd sind «Er macht das brillant.» Familiär im Sinne von «viel geben, viel ermöglichen, aber hart einfordern, eine harte Sprache pflegen, unmissverständlich sein». «Er hat eine Crew, die jung, euphorisch, belastbar, einfallsreich ist, der er aber auch Verantwortung überträgt, ohne sie jedoch allein zu lassen. Er gibt seinen Mitarbeitenden ein Umfeld von Gleichgesinnten, in dem sie sich viel getrauen, die auch privat miteinander auskommen, mit denen er seine legendären Ausflüge nach Südfrankreich, nach Sylt oder nach Miami unternimmt.

Der Zuhörer

Michel habe eine Kultur des Zuhörens etabliert, und die funktioniere. «Es getraut sich jede und jeder, die Gedanken in der Runde einzubringen, ohne Angst, sich zu blamieren, überstimmt zu werden. Und Michel hört sich alles an, nicht aus Nettigkeit, sondern weil er weiss, dass diese Ideen von den Menschen an der Front kommen, also im weitesten Sinn von den Gästen. Von diesen Beiträgen pickt er dann das heraus, was ihm einleuchtet, und setzt es im Kopf so zusammen, wie er es will. Er hört zu, genau sogar, er bedient sich dieser Ideen, aber wie sie zusammengesetzt werden, entscheidet er.»

Ganz offensichtlich sehen das Mitarbeitende genau so, erleben genau das, was Thomas Sterchi als Aussenstehender konstatiert.

Er sei fasziniert von Michels Art, seine Crew aufzubauen, zusammenzuhalten, zu motivieren, sagt ein ehemaliger Geschäftsführer eines Péclard-Betriebes. «Michels Gastrofamilie ist Gesprächsthema bei den anderen Gastrounternehmen, und mich hat das extrem neugierig gemacht. Ich wollte aus der Nähe erfahren, wie er Dinge handhabt, how he really doesn't give a fuck darauf, was andere denken. Dahinter stecke nämlich nicht Überheblichkeit, wie viele

Konkurrenten Michel unterstellen würden, sondern «eher Nonchalance, Unbekümmertheit, Vertrauen in seine eigene Urteilskraft, seine Sturheit auch».

«Ihn interessiert nicht, was die Konkurrenz macht, was der Verband macht, was er auch machen könnte. Ihn interessieren seine Leute, seine Beizen, seine Gäste.» Michel sei in jeder Hinsicht «extrem fokussiert».
Als Mitarbeiter habe er schon früh erlebt, was es heisse, in einer Firma von Mitarbeitern und Vorgesetzten «getragen» zu werden. «Man darf Fehler machen bei Péclard, das ist zwar nicht einfach schnuppe, aber du wirst nicht getadelt, sondern dir wird geholfen, damit du wieder auf die Beine kommst, und damit du die selben Fehler nicht ein zweites Mal machst. Das ist schon ziemlich einmalig», sagt der ehemalige Geschäftsführer. Da ist eine Horde von fast 400 meist jungen und durchwegs ehrgeizigen Menschen, motiviert durch Michel und durch finanzielle Incentives, «aber anstatt einander zu konkurrenzieren, wird geholfen. Mit Rat, mit Tat, mit Ausleihen von Mitarbeitern, mit Mut machen. Das finde ich schon ziemlich einzigartig». Unter den Tisch gewischt wird aber nichts. Michel spricht die Mitarbeitenden sehr wohl auf Fehler an, dabei sollte man besser nicht versuchen, diese abzustreiten, zu bagatellisieren.

Die wirklich beeindruckendste Leistung von Michel Péclard ist aber: Er leitet aus dieser durchaus empathischen, toleranten, geduldigen und letztlich grosszügigen Art der Personalführung keine Ansprüche an seine Mitarbeitenden ab – weder moralisch noch menschlich noch finanziell noch arbeitsrechtlich. Michel schafft nach übereinstimmenden

Aussagen sämtlicher Kaderpersonen problemlos die äusserst heikle Gratwanderung zwischen umfassender Hilfe und Einmischung. «Ja, er schafft es, dir zu helfen, für dich da zu sein, ohne übergriffig zu werden», sagt ein Geschäftsführer. Das habe ihn total fasziniert. Michel schaffe etwas, das nicht normal sei.

The Good Shepard

Michel, sagt ein Geschäftsführer beinahe ehrfürchtig, sei irgendwie in jedem der Lokale präsent, ohne wirklich da zu sein. Das sei schon sehr krass, wirklich faszinierend. «Die Leute haben überhaupt nicht Angst vor ihm, niemand fürchtet ihn, er ist nicht präsent als wachendes Auge. Er ist einfach da, wie ein guter Geist.» Auch andere Inhaber von Gastrounternehmen, in denen er gearbeitet habe, seien in ihren Schuppen präsent, «aber da herrscht Angst pur. Da wurdest du angebellt und durftest ihm nicht einmal Antwort geben. Von Sich-Rechtfertigen gar keine Rede.»

Michel im Gegenteil erwarte, dass seine Mitarbeitenden Stellung bezögen, sachlich und fokussiert. Stand your man, mach dein Ding! So baue er die Gastgeber-Qualitäten seines Kaders auch auf: Dass er sie unterstütze, eigenständige Persönlichkeiten zu werden, die für sich stehen könnten, ein eigenes Profil hätten. «Da ist ein Zaki im ‹Fischer's›, Domi im ‹Coco›, Baba in der ‹Pumpi›, die sind alle gross in ihrem Lokal. Michel lässt sie eben auch gross werden und gross sein. Das ist sehr schön. Du bist sozusagen Unternehmer in seinem Unternehmen. Das ist eine Chance, die dir nicht viele geben.»

Ich, Christian, war letztes Jahr im «Coco» bei Michels Geburtstag. Da waren alle. Man liebt sich, man ist sich nahe. Man redet viel miteinander – auch ernsthaft. Es ist kein Klischee: Man ist Family. Auch wenn für den einen oder andern auch einmal harte Entscheidungen anstehen. Tatsächlich sucht Péclard seine Kader ausserordentlich sorgfältig aus – nicht nur nach professionellen Kriterien. Bei Michel sind sie vergleichsweise jung, haben Power, sind manchmal sogar ungestüm, dynamisch und alle leicht crazy. Kaum einer würde in einem anderen Laden richtig funktionieren. «Domi bei Bindella: inkompatibel. Bei Michel ist er perfekt», sagt Sam, ein ehemaliger Geschäftsführer. Er will andere, er sucht andere, und er kann es sehr gut mit dieser anderen Art von Geschäftsführenden, umgekehrt sind seine Geschäftsführenden auch bereit, die Extrameile zu gehen.

Kochschule, Umsatzlöhne: Lösungen statt Lamento

Er sei präsent, ohne da zu sein, er sei ein guter Zuhörer, er habe die Fähigkeit, seine Mitarbeitenden tatsächlich ihren Eignungen und Neigungen entlang am richtigen Ort einzusetzen: Soft Skills, die den erfolgreichen Unternehmer auszeichnen.

Doch Michel ist nicht nur der Versteher mit schönen Worten und spektakulären Gesten. Er liefert disruptive Innovationen und überraschende Lösungen, wenn seine Konkurrenz es noch lange beim Lamentieren belässt. Irritieren von Shitstorms wegen missachteten «Usanzen», «ungeschriebenen Gesetzen» und gebrochenen Tradition im Gastro-Gewerbe lässt er sich nicht.

Spätestens seit der Pandemie ächzt auch die Gastronomie unter einem existenzbedrohenden Mangel an qualifizieren Arbeitskräften. In der Küche und im Service. Péclard nutzte die oft monierte Einfachheit seiner Küche zur Etablierung einer eigenen Koch-Ausbildung, fern von Gastrosuisse, von «Pauli», «Bouquet garni» und «Mirepoix». Französisch, so sagte sich Péclard, helfe seinen aus Afghanistan und Pakistan stammenden «Chefs» nur marginal, die Herstellung von Fischchnusperli, Kartoffelsalat und Mistkratzerli zu optimieren. Umgekehrt seien seine Köche aber sehr interessiert daran, die Qualität der Ausgangsprodukte ihrer Speisen und Dressings beurteilen zu können, zu wissen, mit welchen Kräutlein ein Salat perfektioniert werden kann, wie man einen Fisch filetiert. Und wichtig: Welche Hygiene-Massnahmen den Lebensmittelinspektor verlangt. Also bot Péclard seinen teils langjährigen Küchen-Mitarbeiterinnen und -Mitarbeitern einen dreimonatigen Kurs zum Péclard-Koch an. Lehrmeister war der langjährige, so beliebte wie geachtete und kompetente «Chefkoch» Maik Pfister, der zusammen mit dem Küchenchef des Chedi Andermatt, einer Fisch-Expertin von Bianchi und Jbrahim «Ibi» Dhafer, Sultan of Savours, Imam of Innovations und Chefkoch im «Coco», die interessierten Hilfsköche in die nicht sehr tiefen Geheimnisse der Péclard'sche Gastronomie einführt. Dabei geht es nicht nur um Instruktion der eigenen Gerichte, auch kulinarisches Allgemeinwissen steht auf dem Stundenplan. Letzthin, so Péclard, besuchten alle «Lehrlinge» die Milchmanufaktur in Einsiedeln und haben lernten, wie man Käse macht.

Philanthropisch verbrämtes Lohndumping? «Nein. Ich habe kein Problem, einem solchen Koch 6 000 Franken zu bezahlen. Warum denn auch nicht, wenn er gute Arbeit leistet?» Für viele konventionell ausgebildete gelernte Köche sei es unter ihrer Würde, tagein- tagaus Fischknusperli zu backen. «Dafür kann ich nichts», sagt Péclard.

Anders als in der Küche geht es beim Mangel an Service-Mitarbeitenden keineswegs um die Qualifikation. Aber auch da hält Péclard lamentieren höchstens für die zweitbeste Lösung. Lange Tage, weite Wege, schwere Tabletts und anspruchsvolle Gäste lassen sich am ehesten ertragen, wenn am Ende des Monats das Konto gut gefüllt wird. Diese Sonderefforts müssen sich lohnen – für jene, die bereit sind, die Extrameile zu gehen. Weber und Péclard haben deshalb auf Umsatzlohn mit Minimallohn-Garantie umgestellt. Die Branche und die Medien diskutierten die Spitzenlöhne. Dass sich das System für alle Service-Angestellte rechnet – und auch für die Pumpi – ging vergessen. Péclard weiss, dass für dieses Lohnsystem nicht alle Gastro-Unternehmen geeignet sind, er will auch nicht als «Retter der Personalmisere» gefeiert werden. Er macht lediglich, was er immer macht: Er sucht eine einfache Lösung für ein drängendes Problem. Ohne Anspruch auf Allgemeingültigkeit.

Michel habe ja tatsächlich etwas von einem crazy Guy, sagt Sam. Möglicherweise gebe ihm das den Instinkt, mit speziellen Typen umgehen zu können. «In jedem Geschäftsführer, den er findet, sieht er einen Teil von sich. Er denkt sicher oft: Wahrscheinlich hätte ich ein Problem auch so gelöst. Er kann sich sehr gut hineinversetzen in die GFs, die ab und an ein Problem haben. Er kann es entsprechend problemlos verstehen, er hat diese spezielle Empathie für crazy Menschen.»

Darüber hinaus kann er den GFs – ein «objektives» Asset der Pumpi Gastro – wie in allen Gruppen mit so zahlreichen Betrieben, eine echte Perspektive für eine Karriere eröffnen.

Ohne am Denkmal des gütigen Hirten rütteln zu wollen, noch dies: Von seiner menschlichen Grösse, seine Kader gross werden zu lassen und gross zu sein, profitiert auch

Michel. In Bezug auf den Umgang mit Mitarbeitenden sei man immer einer Meinung, sagt Florian Weber irgendwo in diesem Buch. Genauer: Michel sei immer einer Meinung: «Die guten Kader hat er eingestellt, die schlechten ich.»

Wie gesagt: Flo hat eben auch kein Problem, andere neben sich gross werden und gross sein zu lassen. Michel zum Beispiel.

Un(be)leaveable

Der Wurm muss dem Fisch schmecken, nicht dem Angler. Das ist das Credo, dem Péclard bis heute treu geblieben ist. In seinen Betrieben bietet er den Menschen das an, was sie wollen, er will sie weder belehren noch kultivieren noch fordern und schon gar nicht überfordern. Er bietet erstklassige Nahrungsmittel aus der Region, die sorgfältig verarbeitet und von durchschnittlicher Originalität sind. Das alles zu durchschnittlichen Preisen. Das machen Bindella, Remimag, Candrian, Kramer, TwoSpice und wie sie alle heissen auch. Warum ist Michel eine absolute Ausnahmeerscheinung, warum ist er erfolgreicher ist als alle? Worin liegt denn sein USP – sein «Alleinstellungsmerkmal»? In der Lage seiner Cashcows am See, sagen seine Konkurrenten.

Schwachsinn, sagt Thomas Sterchi. Alle reden von der Superlage der Péclard-Lokale am See, als wären das Selbstläufer, die sogar die kulinarische Einöde eines gastronomischem Tieffliegers wie Péclard überleben würden. Nur: «Portofino», «L'O», «Mönchhof», «Campingplatz», «Ufenau», «Badi Männedorf» und «Richterswil» – die lagen alle bereits am See, lange bevor Péclard da war. Und sie machten einen Zehntel des Umsatzes.

Es sei eben nicht einfach die Lage, ist Sterchi überzeugt, sondern ein auf die Lage angepasstes und clever verfeinertes Konzept. Die Ideen – das bestreitet Michel auch gar nicht – die Ideen sind oft geklaut! Aber who cares: Ob «Fischer's Fritz» ein Klon des «Club 55» von St. Tropez ist, Meer oder Zürichsee, ist egal, Hauptsache, die Leute essen an einem Ort, der Ferienfeeling verbreitet, gute Laune – und eben doch mit frischen, regionalen, nachhaltig produzierten und wohlschmeckend sorgfältig zubereiteten Ausgangslebensmitteln.

Aber die Idee dahinter, die muss man ja auch haben. Was ist überhaupt eine Idee, fragt Sterchi rhetorisch. Eine Fusion von vielen verschiedenen Gedanken in Kombination mit den unterschiedlichsten Impulsen von aussen. Und darin, sagt Sterchi, sei Michel schon ziemlich einzigartig, wie er das Potential von Impulsen von aussen erkennen und auf die eigenen Verhältnisse und Bedürfnisse adaptieren könne. «Er kopiert ja nicht einfach, er übersetzt.» Das in Kombination mit der Fähigkeit, die Bilanz einer Lokalität bereits bei der ersten Besichtigung vor dem geistigen Auge zu haben: Das sei absolut aussergewöhnlich. «Ich meine, wir alle hätten gern ein Restaurant, das aussieht wie das ‹Ornelaia›, aber reich wird man damit nicht.»

Einen Unternehmer ohne Misserfolge gebe es eh nicht. Die Definition eines erfolgreichen Unternehmens sei, dass «die Anzahl und der Umfang der Erfolge grösser ist als die Anzahl der Misserfolge und deren Konsequenzen».

Niederlagen solle man nicht romantisieren. Es gehe nicht darum, dass Niederlagen und das darauf folgende Wiederaufstehen «charakterförderlich» wären, dass man daraus lernen könne, dass man «geläutert» und «gelassener» und möglicherweise sogar «gestärkt» aus einer Niederlage zurückkommen könne. Viel wichtiger sei das Vorher: «Menschen, die nicht bereit sind, Niederlagen einzustecken, die sich vor Niederlagen fürchten und Niederlagen zu meiden versuchen, diese Menschen gehen keine Risiken ein, sind nicht wagemutig, sind eben keine Unternehmerpersönlichkeiten. Niederlagen sind nicht charakterförderlich, aber die Bereitschaft, Niederlagen einzustecken, machen Unternehmer erfolgreich. Wer wartet, bis alle Risiken abgesichert sind, der kommt eh zu spät.» Und wer zu spät kommt, das wissen wir alle spätestens seit dem Fall der Berliner Mauer, den bestraft das Leben.

Am richtigen Ort

Ein Unternehmen ist dann am erfolgreichsten, wenn alle Mitarbeitenden auf der ihren Eignungen und Neigungen angemessenen Hierarchiestufe eingesetzt wird.

Michel Péclard gelingt es – zusammen mit seinem Alter Ego Flo Weber - offensichtlich, jede Einzelne und jeden Einzelnen seiner knapp vierhundert Mitarbeitenden ihren Qualifikationen und ihren Möglichkeiten angemessen einzusetzen. On top hat er die Gabe, dass sie alle sich an ihrem Arbeitsplatz wohl fühlen und als fair positioniert wahrnehmen. Trotzdem werden Menschen gefördert und oft auch befördert. Aber nur, wenn es passt. Für alle Seiten.

Knusperli bleib Deinen Fischen

Fische würden vom Kopf her stinken, sagt man. Fische können aber auch vom Kopf her sehr gut riechen. Das gilt insbesondere auch für Fischchnusperli – beziehungsweise deren König.

Unternehmer mit einem Curriculum wie Péclard mit siebzehn (Stand August 2023) Restaurants, die gutes Geld verdienen und denen im Wochenrhythmus neue Betriebe angedient werden, die heben oft früher oder später ab. Übernehmen sich, verspekulieren sich, verlieren die Übersicht, beginnen zu diversifizieren und gehen in die angrenzenden Fachgebiete oder in angrenzende Territorien, sie legen sich mit falschen Partnern ins Bett oder entfernen sich hierarchisch vom Tagesgeschäft, indem sie neue Führungsebenen einziehen zwischen sich und den operativen Herausforderungen. Sie spielen nur noch Golf oder kaufen sich eine Yacht.

Michel heisst nicht Jeff Bezos, und er bleibt bei dem, was er kann und womit er reich geworden ist treu. Vor allem, weil es ihm jeden Tag Freude macht. Sein Erfolg macht Péclard zudem nicht träge, sondern im Gegenteil misstrauisch. Das unterscheidet ihn nicht nur von den meisten anderen Gastronomen, sondern grundsätzlich von fast allen Unternehmern.

Führungskräfte und Inhaber von Unternehmen, deren Produkte und Dienstleistungen dem Zeitgeist und der Mode unterliegen, haben es oft schwer, zu eruieren, weshalb ihre Musik gespielt, ihre Kleider getragen oder eben ihre Speisekarte gefragt werden. Konsequenz: Wenn es «gut läuft», wissen sie oft nicht, weshalb. Und vor allem wissen sie nicht, wie lange es gut laufen wird. Deshalb zaudern sie, Änderungen vorzunehmen, Neues zu lancieren. Never change a winning Menü. Sie klammern und hoffen, es laufe «noch ein Weilchen» gut. Und das wollen sie so lange wie möglich auskosten. Denn sie wissen ja nicht, was als Nächstes gefragt sein wird. Und so laufen viele Betriebe – auch in der Gastronomie – nur eine beschränkte Zeit lang wirklich gut.

Péclard funktioniert diametral anders: Wenn es etwas gut läuft, dann beginnt er die Geschäftsführer, Köche, Weinverantwortlichen und sein Alter Ego Flo Weber zu nerven mit den steten bohrenden Fragen: Warum läuft das und das gut? Was müssen wir tun, damit es noch besser läuft?

It needs two to tango

Das hat etwas Zerstörerisches, Nervendes, aber es verhindert Saturiertheit, Selbstzufriedenheit, Stillstand, Verpassen des Anschlusses. Diese bohrende Fragerei ist vor allem deswegen fruchtbar, weil Michel einen Sparringpartner auf Augenhöhe hat. Einen Sparringpartner, der die Fragen durchaus ernst nimmt, der sie auch zu beantworten versucht, der aber – bevor zu viel und zu schnell Erfolge auf der Speisekarte mutwillig über Bord geworfen werden - auch mal sagen kann: Jetzt ist aber gut. Es laufe, weil sie immer wieder probiert hätten, weil sie genauestens auf Feedback hören und diesem und jenem Rechnung tragen würden. Es laufe, weil sie im Moment alles richtig machen würden. Und jetzt sei Ruhe im Stall. Dann schmollt Meister Péclard eben einen Moment, weil er es hasst, wenn ihm die Flügel gestutzt werden. Aber er akzeptiert das Verdikt, denn Flo liegt selten falsch.

Diese Furchtlosigkeit, diese Atemlosigkeit und diese Bereitschaft zur «Disruption» sind in den meisten Betrieben eine Rarität. Denn sie sind vor allen ein Ausdruck von Neugier und – erstaunlich: von Bescheidenheit.

Bescheidenheit sei im Berufsleben nicht unbedingt eine Stärke, so die Meinung von Arbeitssoziologen in einer Studie zum Thema «Erfolgreiche Bewerbungsgespräche». Doch in Wahrheit sei Bescheidenheit häufig eine typische Charaktereigenschaft derjenigen, die mehr wüssten als der Durchschnitt. Und vor allem: Mehr wissen wollten! Diejenigen, so das einhellige Fazit, die bescheiden über ihr eigenes Wissen urteilten, wüssten meist mehr als diejenigen, die behaupteten, schon fast alles zu wissen.

Understatement gehe auch einher mit einer überdurchschnittlichen Lernmotivation. Während die Arroganten ihre Ambitionen von externer Belohnung wie grossen Boni oder guten Noten abhängig machen würden, schienen die Bescheidenen von sich aus neugieriger und flexibler.

Michels Motivation, 24/7 für seine Crew und seine Gäste da zu sein, ist tatsächlich zu keinem Zeitpunkt eine externe Belohnung – weder materieller noch immaterieller Natur. Michels Motivation ist, um es feld-, wald- und wiesenpsychologisch zu formulieren, klar intrinsischer Natur. Logisch, auch intrinsisch Motivierte verachten weder finanziellen Erfolg noch Bekanntheit und Lob. Aber diese Belohnungen sind Folge ihres Handelns und nicht dessen Motor.

Der einzige Mensch, den Michel beeindrucken möchte, dem Michel beweisen möchte, dass er gut und erfolgreich ist, ist er selber. Wenn er über das Erreichte redet, dann strahlen Begeisterung, Freude, Genugtuung und ein bisschen Stolz in seinen Augen. Von Protz, Prahlerei, Aufgeblasenheit und Grossmäuligkeit nicht die geringste Spur.

Genau da, in der Mischung von Bescheidenheit, Neugier und Engagement liegt wohl ein Schlüssel zur Erfolgsgeschichte von Michel Péclard: «Nörgler» wie Michel sind oft lediglich kühle Quälgeister und analysieren als wandelnde Rechenschieber stets pedantisch jeden Umsatz und vor allem jeden Umsatzrückgang. Michel aber verbindet diese finanzielle Akribie und die Bereitschaft zum permanenten Hinterfragen mit der überschäumenden Emotionalität, die in der Beizenbranche so zentral ist.

Ja: Péclard ist ein leichtsinniger Opportunist! Opportunist, weil er bei Lokalen, Locations und Konstellationen, die er für seine Vorstellungen von Gastronomie als im Wortsinn «opportun», also «zweckmässig» einschätzt, ohne Zögern zugreift. Leichtsinnig nicht unbedingt im populären, sondern im Wortsinn gemeint: sorglos, unbekümmert, vergnügt, zuweilen mit einer Prise Übermut.

Diesen Leichtsinn kann er sich auch leisten: Wenn der Leichtsinn in Unvorsichtigkeit kippt und er am falschen Ort zu schnell zugegriffen hat, dann muss er sich bei niemandem rechtfertigen. Ausser bei ihm selber. Die Freiheit eines «richtigen» Unternehmers. Naja: Flo ist auch noch da, Gottseidank.

Epilog

Ich bin verheiratet mit einer Gastronomin. Glücklich verheiratet, um genau zu sein. Manchmal erzählt sie abends, wenn sie einigermassen geschafft von einem 14-Stunden-Tag mit 150 Essen heimkommt, von ihrem Ärger mit ihrem Restaurant, mit den Angestellten, mit den Lieferanten, mit den Partnern. Wenn ich mich ab und an zu einem Kommentar hinreissen lasse, der – das gebe ich ungern zu – durchaus Züge der Besserwisserei annehmen kann, dann reagiert meine ansonsten äusserst empathische Gattin mit Voten, die ungeeignet sind als Ausgangspunkt eines konstruktiven Diskurses. «Klar, ich mache eh alles falsch, ich habe es halt nur zur kleinen Beizerin mit einem einzigen Lokal geschafft. Du bewegst dich jetzt halt im Umfeld des grossen Péclard, und der – das weiss man – macht eben alles richtig. Hast halt die Falsche geheiratet.»

Péclard reizt – seine Neider, seine Bewunderer, seine Konkurrenten, seine Gegenspieler. Kalt lässt er kaum jemanden.

Michel Péclard ist mit all seinen Facetten für viele unerfassbar und unfassbar, er ist mit seinen sprunghaften, assoziativen Gedankenflashes, seiner ruppigen Art und – seltenen

– Tiraden für die meisten Leute einfach zu viel. Insofern ist er an seinem Arschloch-Image nicht ganz unschuldig.

Mit seiner ansteckenden Energie und seinem sprühenden Charisma ist er hingegen für alle, die die Gelegenheit hatten, mit ihm wirklich und ernsthaft in Kontakt gekommen zu sein, aufregend, inspirierend, mitreissend, gewinnend, verbindlich, irgendwie «unverlassbar». Aber verlässlich. In jeder Beziehung. Beruflich, wirtschaftlich, privat. Vor allem aber als Freund.

«Ich weiss nicht», sagt Shahin, der jüngere der beiden Péclard-Söhne, nachdem er das Manuskript überflogen hat, «ich weiss nicht, ob all das zutrifft, was die Leute über meinen Papa gesagt haben. Aber eines stimmt sicher, und das hast Du ja auch geschrieben: Dad ist was Geschlecht, Herkunft, Ausbildung, Lebensweise, politische Sichtweisen oder Religion betrifft, völlig vorurteilslos. Und er hat uns diese Offenheit gegenüber den Menschen und deren Welt nicht nur gelehrt, sondern vorgelebt. Jederzeit, auch als die Familie auseinandergebrochen ist.»

«Life is too short to be little!» «Das wäre wohl das Credo seines Lebens. Wenn er denn ein bisschen besser Englisch könnte.»

1971

März 1981 in Andermatt.

Sommer 1977 beim Wasserskifahren.

Beim Geraldine in Italien, 1981.

Fechtlager in Davos, 1981.

Saubraten beim Fritz.

Villigen-Schweningen, Fechtturnier, September 1983.

Arosa.

Mamas 50. Geburtstag, 1990.

1998.